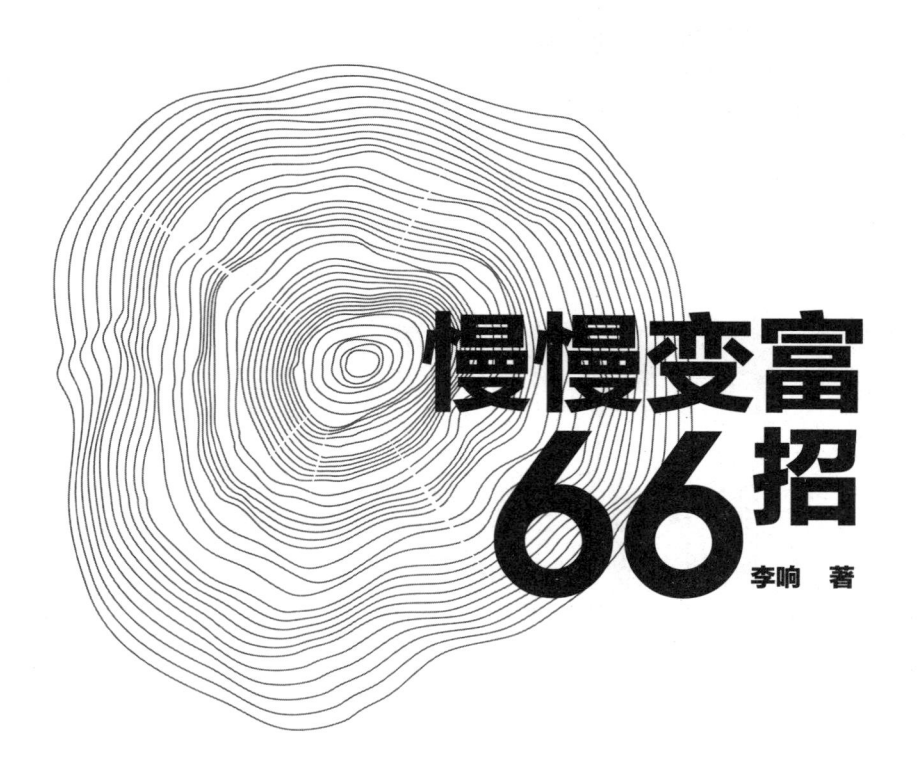

慢慢变富66招

李响 著

中国友谊出版公司

图书在版编目（CIP）数据

慢慢变富 66 招 / 李响著 . -- 北京：中国友谊出版
公司 , 2024. 11. -- ISBN 978-7-5057-6033-2（2025.2 重印）
Ⅰ . F830.5-49
中国国家版本馆 CIP 数据核字第 20244U4B08 号

书名	慢慢变富 66 招
作者	李响
出版	中国友谊出版公司
发行	中国友谊出版公司
经销	北京时代华语国际传媒股份有限公司　010-83670231
印刷	三河市宏图印务有限公司
规格	690 毫米 ×980 毫米　16 开
	11.5 印张　128 千字
版次	2024 年 11 月第 1 版
印次	2025 年 2 月第 2 次印刷
书号	ISBN 978-7-5057-6033-2
定价	48.00 元
地址	北京市朝阳区西坝河南里 17 号楼
邮编	100028
电话	（010）64678009

前　言

谈投资理财之前，我先讲一个寓言故事。

有个富人可怜自己的穷亲戚，就送了一头牛给他，说："你用这头牛开荒，等来年春天，我再送你一些种子，这样秋天的时候你就有收成了。好好干几年，慢慢就富起来了！"

穷亲戚有了希望，开始开荒。可是，牛要吃草，人要吃饭，日子变得比以前更艰难了。他忍受不住便卖掉了牛，买回几只羊，并且准备杀一只羊慢慢吃，剩下的用来生小羊。小羊长大后能卖不少钱呢。

可惜，还没等小羊生下来，第一只羊已经吃光了。没东西可吃，于是他又杀了一只羊。他想了想，这样下去不行呀，索性把剩下的羊全卖了，换回很多只鸡。鸡下蛋不像羊生羔那么慢，鸡蛋可以马上卖钱，有钱就好办了。

这么做之后，日子不但没变好，反而越来越难。没办法，他只能杀鸡吃。终于，只剩下了最后一只鸡。这时候，穷人的理想彻底破灭了。富起来是不可能了，干脆把鸡卖掉，买几斤酒，迷迷糊糊，万事不愁。

第二年春天，富人兴冲冲地送来了种子。让他意外的是，牛不见了，穷亲戚正就着咸菜喝酒呢！

每个人都有富起来的梦想，但是能够实现的人却很少。有的人甚至得到过机遇，也采取过行动，但最终却未能梦想成真。那么，两者之间的区别到底是什么呢？答案很简单，就是看是否有规划，是否能够为此克制自己，并且坚持下去。

如果一个人不能着眼于未来，那么他就不会规划现在，就不会克制，更不可能将克制坚持下去。这是积累财富的大忌。就像上述故事中的穷人一样，吃光花净，今朝有酒今朝醉，哪管明天喝凉水？

犹太经典《塔木德》里记载着这样的话："富有的秘诀是在赚的钱里一定要存下一部分。财富的积累如同树的生长，最先是一粒很小的种子在发芽。第一笔存下的钱就是财富的种子。不管你赚多少，总得存下十分之一的钱才行。"

绝大多数人不是天生就富有，而是靠储蓄积累最初的财富。这一方面可以保证我们未来衣食无忧，另一方面也可能给事业带来新的机遇。

日本麦当劳汉堡庄的创始人和经营者藤田田，在这方面给我们树立了卓越的典范。1971年，20多岁的藤田田看准了麦当劳的巨大潜力，决心在日本开创麦当劳事业。但是，根据麦当劳总部的要求，他必须拿出75万美元现款，并得到一家中等规模以上银行的担保才行，而藤田田手里只有5万美元存款，加上借来的钱，一共只有9万美元；银行担保呢，更是天方夜谭，谁愿意给一个毫无资历的年轻人担保呢？

藤田田拜见了住友银行的总裁，不出所料，几句话后就遭到了委婉的拒绝。这时，藤田田说："总裁先生，能否让我跟您说说，我那5万美元是怎样存下来的？"

得到同意后，藤田田说："这笔存款是我 6 年的积累。整整 6 年，我坚持每个月存下固定的数目，从未间断。记不清多少次手头极其紧张，生活无比艰难，甚至遇到意外事故急需用钱，我也挺了过来，照存不误。我坚信这样做是对的，因为我要做一番大事业！虽然我现在还没有准备好充足的资金，但我坚信，在小事情上过硬的人一定能成就大事业！"

会见结束后，总裁亲自前往藤田田所说的存钱的银行调查，柜台职员对藤田田的印象很深："他呀，他可是我见过的最有毅力、最严谨的年轻人，6 年风雨无阻，雷打不动。这样的人，真让人佩服得五体投地！"总裁思考片刻便打电话通知藤田田，住友银行无条件支持他在日本创建麦当劳事业。由此，藤田田开始了他的商业传奇。

对于大部分人来说，学习投资理财并不是要像藤田田一样成为富豪，而是为了让自己未来的日子更安全，生活更有保障，品质更高。事实上，两者所遵循的原则是一样的。其中，储蓄是很重要的一点，但远非全部。

投资理财是个系统化的工程。本书精选了大量便于实践、全面、简单且高效的方法，可以说是一本通式的通俗读物。

目　　录

第 01 招　根据收入选择理财方式 … 001

第 02 招　把赚的钱分成几份打理 … 003

第 03 招　做好收支预算 … 006

第 04 招　记好账 … 009

第 05 招　买东西要理性 … 011

第 06 招　没必要买的东西可以租赁 … 013

第 07 招　变废为宝 … 016

第 08 招　用"十二存单法"存钱 … 018

第 09 招　活用定期存款，获取最多利息 … 020

第 10 招　使用超短期通知存款 … 023

第 11 招　巧用银行复利存钱 … 025

第 12 招　利用外币储蓄理财 … 027

第 13 招　尽量防范储蓄风险 … 029

第 14 招　使用银行卡理财 … 032

第 15 招　投资债券前要先了解债券 … 034

第 16 招　做好债券投资的准备工作 … 037

第 17 招　谨慎选择债券投资种类 … 040

第 18 招　投资国债保障资金安全 … 043

第 19 招　用梯形投资法投资债券 … 046

第 20 招　尽量规避债券投资风险 … 048

第 21 招　拿出闲钱投资基金 … 051

第 22 招　谨慎选择值得投资的基金 … 054

第 23 招　建立自己的基金组合 … 057

第 24 招　把握好基金投资的时机 … 060

第 25 招　把闲置资金用于基金定投 … 063

第 26 招　省钱不当，反而会花得更多 … 065

第 27 招　尽量节省基金买卖手续费 … 068

第 28 招　基金投资不要盲目跟风 … 071

第 29 招　防范基金投资风险 … 074

第 30 招　购买保险保障生活 … 077

第 31 招　投资保险先要改变对保险的认识 … 080

第 32 招　根据自己的实际情况购买保险 … 083

第 33 招　选择合适的保险公司 … 086

第 34 招　谨慎选择保险代理人 … 089

第 35 招　买保险应先大人后小孩 … 092

第 36 招　组建自己的保险"金三角" … 095

第 37 招　既要办社保又要购买商业保险 … 098

第 38 招　用保单存退休金 … 100

第 39 招　为年迈父母选择合适的保险 … 102

第 40 招　经济困难时尽量不要让保单断供 … 105

第 41 招　投资股票要先了解股票 … 108

第 42 招　选择优秀企业的股票 … 111

第 43 招　不要盲目听信小道消息 … 114

第 44 招　根据市场环境选择股票 … 117

第 45 招　尽量规避股市风险 … 120

第 46 招　投资期货要先了解期货 … 123

第 47 招　要弄清楚期货交易流程 … 125

第 48 招　选择合适的期货经纪公司 … 128

第 49 招　选择更能获利的期货商品 … 130

第 50 招　努力规避期货投资风险 … 132

第 51 招　投资外汇，以钱赚钱 … 134

第 52 招　选择合适的外汇交易方式 … 136

第 53 招　谨慎选择外汇投资银行 … 138

第 54 招　正确判断外汇走势 … 140

第 55 招　努力规避外汇投资风险 … 143

第 56 招　使用信托理财产品理财 … 145

第 57 招　尽量规避信托投资风险 … 147

第 58 招　投资黄金为财产保值 … 149

第 59 招　要学会鉴别黄金真假 … 152

第 60 招　合理预测黄金价格 … 155

第 61 招　掌握更多的黄金投资信息源 … 158

第 62 招　选择适合自己的黄金投资方式 … 160

第 63 招　投资黄金实物要讲策略 … 163

第 64 招　投资"纸黄金"便捷获利 … 165

第 65 招　学会识别非法炒金公司 … 167

第 66 招　用更省钱的方式还房贷 … 169

第01招　根据收入选择理财方式

很多人认为，理财是有钱人的"专利"，对于工薪阶层来说，每个月的收入只要能保障自己的生活，达到收支平衡就可以了。这种想法是偏颇的。事实上，只要我们在赚钱、在使用钱，那么我们就有财可理。不同的是，收入高的人与收入较低的人在理财方法、理财侧重点上存在差异。

不同的理财方式、理财产品有不同的针对人群。如今，市场上的理财产品种类繁多，理财方式有储蓄、购买债券或基金、购买保险、投资股票、购买黄金或白银、投资收藏品等。我们可以根据自己的经济状况，选择适合自己的理财方式。

初入职场的年轻人收入较低，承担风险的能力较差，理财重点应该是平衡收支，谨防消费陷阱。我们可以将每个月的收入分成三部分。第一部分用来支付每月的基本生活费，比如房租、水电费、日常用品开支等，这部分费用大概能占月收入的三分之一。第二部分用来储蓄，目的是应对未知变故。

收入不高的人每月储蓄收入的 10% 到 20% 就可以了。第三部分可以灵活使用：和朋友聚餐，给自己安排一次短途旅行，等等。

工作几年以后月收入上涨，这时，我们就可以针对自己的实际情况选择一些适合投资的理财产品了。投资理财最重要的不是赚钱，而是保障。确定自己的每月开支，留出足够的生活费用后，最好先为自己或家人购买一份储蓄型保险。保险种类以健康医疗险优先。保险金额无须太高，可以根据自己的条件和需要，选择适合的存款组合方案，提高存款收益。

高收入人群选择的投资理财方式会更多样化，例如股票或者基金，但投资要谨慎，如果没有投资经验，开始时最好拿少量资金做试探性投资，投资获益、经验增加后再追加投资数额。此外，还可以投资风险较低的货币基金。这类基金虽然收益较低，但是安全性较高。有些银行推出了一些理财产品，专门针对闲置资金较多又没有太多时间理财的人。

有一些理财方式是通用的，无论月收入是 3000 元以下、3000 元到 5000 元还是 5000 元以上，都可以使用，比如每月强制存款。我们可以根据自己的收支情况，每月把收入的三分之一或五分之一存入银行，强制自己不提取。节省支出也是理财方式之一，比如我们可以多在家中做饭，把点外卖的花费省下来，其实那也是一笔不小的费用。

第02招　把赚的钱分成几份打理

理财没有模板，但有通用理念，比如把赚的钱分成几份打理。这种理财方法非常简单，效果非常好，就是把每个月的收入分成不同的类别，用于不同的用途。分类时，必须控制好类别的数量：类别过多，不易打理，会变成理财的负担；相反，分类过少对理财不利。

将收入分为四个类别是比较恰当且合理的。收入的一部分应当用来保障个人与家庭的生活；一部分应当留作备用金，以使资金时刻保持充足的流动性；一部分应当用来投资较稳健的理财产品，使财产得以稳定增长；另一部分则应该投资风险较大的理财产品，获取更高收益。

我们无法预判个人或家庭成员会不会生病，会不会遭遇意外或遇到财务风险。但当意外或风险出现时，正是保障性资产发挥作用的时候。

我们可以将保障性资产拿出来，购买实物黄金或者储蓄型保险。黄金可抵抗通货膨胀，储蓄型保险可为我们消解一部分关于健康、养老等问题的忧虑。除了购买国家规定的保险，可以根据自己的收入情况购买合适的健康险，比如有分红功能并带有附加大病险的终身寿险。这种保险不仅对死亡和重大疾病提供一定的保额保障，每年还有现金分红。我还有一个小建议：没有特殊情况不要把分红提取出来，分红不断累积，利息不断累积，时间久了又是一笔不小的财富。

投资要保本，这是有经验投资者的共识。事实上，不仅是投资，个人与家庭理财的关键也是保本。备用金的作用正在这里：让资金保持充足流动性的同时，保留一部分本金。如果个人与家庭成员收入稳定、身体健康、日常生活无忧的话，预留3到6个月的生活费做备用金就足够了。通常，备用金中常被动用的部分只占30%，所以可以把30%放入银行存活期，剩下的70%则用于投资其他金融工具，增加收益。超短债基金、货币市场基金、银行开放式现金理财产品、银行定存、国债等都是值得投资的金融工具。

投资较稳健的理财产品，可以在一定时间内获得相对较高且稳定的收益。如果可拿出的资金较多，我们可以考虑投资信托产品；如果可用资金较少，我们则可选择银行理财产品。相对于信托产品，银行理财产品的收益较低，更适合小额资金投资者。市场上的理财产品种类繁多，每种产品都有独特的保障机制。应该投资哪类理财产品，我们最好综合考量，量入而定，视条件而行。

之所以要拿出一部分资金投资风险较大的理财产品，是因为这类理财产品能让我们获取更高的收益。在风险较大的理财产品中，我们最熟悉的就是股票了，正所谓"风浪越大鱼越贵"，然而在股市中，多数投资股票的个人都难以战胜股票投资机构，因为个人的专业知识、信息来源、操作技巧和投资心态都难以与股票机构抗衡，投资时易受环境影响，见涨就追，见跌就杀。所以对于个人投资者来说，这部分资产投资股票不如投资基金债券。至于该投资什么样的基金债券、是不是该拿出一部分投资股票、有没有更好的投资方式，这类问题可以咨询一下理财专家，听一听专业的建议，然后根据自己的实际情况做出决定。

在理财过程中，人们都想既得到牢靠的保障又获得更多的收益，把自己的财产分成几份打理无疑是最高效的方法之一。不同人有不同的投资理财观念，有人激进，有人保守。在分配自己的财产时，有的人会拿较多资金配置风险型资产，有的人会为配置稳健型资产耗费较多心力。无论理财观念如何，财产分配总离不开这四大类别，具体各项资产的比例该怎样分配，哪种类型的资产多一些，哪种类型的资产少一些，就因个人条件、个人观念而异了。

■第03招　做好收支预算

做收支预算的目的是控制支出。对于工薪阶层来说，每个月的收入是一定的，要想积累财富，只能通过做好预算、控制支出解决。

大多数人每个月的支出中，有一部分是固定不变的，比如房租；一部分是不固定的，比如交通费用、日常生活费用、社交往来费用等。我们做收支预算，就是为了合理筹划支出中不固定的部分，制订合理的消费计划，实现月有余财。

每个人的消费习惯不同，所以预算的具体内容会有差异，但预算的大体步骤应该是相似的。通常来说，预算分三步：

第一步，我们要确定合理的预算期。预算期应当与收入周期等同，常以月、季度、半年或年为单位。工薪族多数按月拿工资，因而以月为预算周期较适宜；农村收入周期常为季度、半年或者年，预算周期也应随之调整。需要注意的是，因为我们每年都有购置大件物品、为家庭做适当装修或外出旅游的可能性，这些计划外的消费会花掉较多的钱，所以年预算的金额通常大于月预算乘以12的金额。

第二步，预算周期确定后，我们要设计一个可用的预算收支表。收支表应简洁实用、一目了然，方便查找分析。表格可由收入与支出两部分组成，两部分之下可细分出不同的子分类。子分类内容应根据个人或家庭的收支情况决定。很多人设计表格时为求精准，将子分类分得过细，将收支明细列得过于完善，这其实是没有必要的。表格毕竟只是收支预算表，而不是实际收支账簿。为方便与实际收支账簿对照，我们可以将"家庭收支表"改名为"家庭预算收支表"，直接使用。

第三步，设计好预算周期表之后，就可以制定预算指标了。预算指标应根据自己的实际情况制定，既不能过松也不能过紧。预算定得过紧会难以实现，定得过松又容易造成不必要的浪费。历年来的家庭收支、之前几个月的消费情况都是预算指标的制定依据。做预算之前，我们最好认真研究一下之前几个月的账目，大致了解一下自己的消费情况，以使制定出的预算指标尽可能合理。

具体制定各项预算指标时，我们应综合考虑自己的经济状况、消费情况，及将来经济状况可能发生的变化等各项因素。只有建立在事实基础上，经过分析研究做出来的预算，才是切实可行的预算。举个例子，如果计划去旅行，预算该定在5000元还是10000元，在自己的经济状况、当年的消费情况之外，还要将近期的收入状况及可能的花费纳入考虑范围，这样做出来的预算才不会让生活过于拮据。

有个年轻人说，自己的确做过预算，但半月不到就发现花费远超预算，计划根本不可行，起不到控制支出的作用。在分析过他的预算和实际支出情况后，我发现他的问题出在餐饮支出上。预算中，他的餐饮支出占总支出的40%，但这个月不断有朋友到他所在的城市游玩，他不停地陪朋友吃饭，不知不觉就超支了。

朋友前来是不能预料的特殊情况，如果可能发生的特殊情况没有纳入预算，说明预算还是不够完善。没有人从一开始就能做出完善合理的预算，要想做出真正有效实用的预算，必须经过一段相当长的调整期。调整期过后，对自己的收支状况、消费习惯及可能出现的突发情况有大致的把握，这时做出来的预算才可能充分考虑到各项因素，做到真正的完善、张弛有度。

仍以这个年轻人为例，在他的预算中，应当预留出一部分做待客应酬的专项款。这笔款项不应以月为单位，而应以季度、半年或年为单位预算，因为类似的突发状况不可避免。它不会经常发生，然而一旦发生就将是不小的一笔支出。只有预先考虑到支出的可能性，将可能性列入预算，才不会出现突发状况到来时手忙脚乱的情况，预算也才可能被严格有效地执行。

第04招　记好账

理财分两部分：开源和节流。我们要想节流，先要明白自己的消费结构是怎样的；而要弄清楚自己的消费结构，最好先学会记账。常用的记账方式有两个，即传统手工记账和理财软件记账。

手工记账曾经是使用最广泛的一种记账方式。这种记账方式十分便捷，只需找出一个小笔记本，把当天的花费一项项记录下来就可以了。需要注意的是，记账时最好分门别类，不要记流水账。在账簿中，可以将不同的花费类别记在同一处，比如将买衣服、吃饭、购买生活用品的费用记在一处，统称为日常生活支出；将看电影、健身的费用记在一处，统称为娱乐支出；将请客吃饭、与朋友聚会的费用记在一处，统称为交际支出。为使账簿更精确，每个月的收入情况、借款情况及用于投资的款项最好也都一一记录下来。

传统手工记账法的好处是手写账本不会漏记款项，购物回来立刻记账促使记账习惯养成；缺点是使用较麻烦，每月汇总计算账簿中的款项不得不借助计算器，工作内容烦琐、庞杂。为方便账簿打理，互联网兴起后，人们开发了理财记账软件。

网络上的理财记账软件种类繁多，功能各异，但有三项主要功能是一致的——收支记账、收支预算、事务提醒。收支记账功能可以帮助我们随时了解自己的收支状况；收支预算功能可以让我们了解自己的收支情况，帮助找出不必要的、需要留心控制的支出；事务提醒功能的作用则是提醒我们信用卡还款日、水电费缴纳日等理财事务中需留意的日期。

使用理财记账软件记账，不需借助计算器就可以将各项收支整理得明白清晰、一目了然，省掉了统计分析的麻烦。科技在发展，理财记账软件的种类越来越多样，功能越来越丰富，该使用哪一种理财记账软件记账，可以根据自己的需要自由选择。

虽然有这么多便捷的记账方法可用，但很多人仍然无法养成记账的习惯，原因之一是他们记账时过于追求完美、完善，有时记不清当天的花费，或者记录下来的开支状况与口袋中的余款对不上，却又连一分钱的开支都不想漏掉，于是只好绞尽脑汁苦思冥想，最终把自己弄得疲惫不堪。事实上，记账的目的是了解自己大概的消费状况，知道自己每个月的收入都花到了哪里，所以只需保证内容基本正确；至于想不起来的小额花费，只要单列出一栏"其他"，将这部分花费放在里面就行了。

记账需长期坚持，能做到每天一记当然好，但假如遇到事务繁忙或者账簿不在身边的情况，几天一记也是正常的。如果遇到上述情况，可以在备忘录上简单记录一下，等有时间再做详细整理，不要因此而中断记账。

第05招　买东西要理性

很多人都有冲动购物的经历。比如现在商家的各种"秒杀"活动，卖家会在网上推出一些价格超低的商品，消费者看到价格认为超值，立即下单拿下。网络购物快速便捷，很多时候商品从上架到卖出只需一秒钟时间。"秒杀"购物无疑是冲动购物的典型。"秒杀"者的理论是，这么超值的商品不买不是太亏了吗？但是我们反过来想，再超值的商品买回来没有用不也相当于浪费吗？假设一种商品本身价值500元，"秒杀"价100元。在"秒杀"者眼里，不买就相当于亏损了400元。可事实是，买这件东西并不是白赚了400元，而是花掉了100元。

除了受价格引诱冲动购物，我们或许还会因为导购员巧舌如簧，一时动摇而购物；发了年终奖金而"大出血"消费一场；为了与人攀比、向人炫耀，满足自己的虚荣心而购买不必要的东西。这些消费行为是不可取的，于理财无益。控制支出是理财中的一项重要内容，购物又是支出中的一项重要内容。

要想控制支出，每月有更多的结余资金，我们必须学会理性购物。

生活中处处需要花费，有些花费是必需的，有些花费则是可有可无的。在新组建的小家庭中，孩子出生前年轻夫妇往往满怀期待。为迎接孩子的降生，他们会一时冲动买下很多小衣服、小鞋帽、小玩具等婴儿用品。孩子出生后他们才发现，婴儿玩具买多了，孩子根本玩不过来；孩子长得太快了，很多衣服鞋帽还没来得及穿就已经不合尺码了。年轻父母冲动之下的支出无疑成了浪费。为宝宝购物前，父母可以先拟一张购物清单，列清楚必需品与非必需品，购物时只买必需的部分。

外出旅游时，我们太容易冲动购物了。旅游景点常会出售一些纪念品或土特产，有些人喜欢旅游时为亲朋好友带一些礼物，有些人喜欢为自己的旅游留一些纪念，于是他们花大价钱买了很多景点纪念品和当地土特产。其实，很多旅游景点的纪念品都是大同小异的，可以买个自己喜欢的作为纪念，但没必要在这上面花超出预算的钱。

没有人能永远理性、时刻理性，我们肯定有一时冲动要花钱的时候。如果想花钱买某种东西，但自己清楚这种东西没有购买必要，我们不必克制，只需把消费方向扭转一下。比如，我们想花几千元购买一件几乎不会穿的礼服时，可以研究一下可购买的基金、债券或股票，用这笔钱购买一只基金或债券，就不会再冲动消费了。这笔钱还可以为我们带来更多的钱。

第06招　没必要买的东西可以租赁

很多人都会遇见类似的情况：要去参加一次重要宴会，需要一件价格不菲的礼服，如果花几个月薪水去买，穿一两次以后就再也找不到场合穿了，实在太浪费，穿平常衣服又失面子；孩子对音乐有兴趣，为培养他专门买了一架钢琴，可几个月后孩子的兴趣转移了，不再练琴，于是花大价钱买的钢琴变成了摆设。

为社交而买的昂贵礼服，为培养孩子而买的钢琴，这些都是不能省掉的开支。我们的生活需要这些东西，但为此花掉大额金钱又着实可惜。面对这样的支出"鸡肋"，其实还有另一种选择，就是租赁。

只能穿一两次的昂贵衣服，极有可能变成摆设的钢琴，都可以到租赁市场、租赁店中租赁。如今互联网这么发达，有很多专门的租赁店。在这些租赁店中，不仅可以租到服装、乐器、儿童玩具，还可以租到名贵首饰、高档奢侈品、电器、汽车，甚至豪华别墅。相比购买，租赁价格低廉得多。一件名品手包租赁3天，价格只是购买价的3%。如果要去参加重要宴会，可能只需拿出500到600元，就能租到一整套的名牌行头。

孩子想学钢琴，家长可以先租一架钢琴让他学习。如果孩子对钢琴没兴趣，租来的东西随时可以退掉；如果孩子对钢琴真的有兴趣，到时候再买也不迟。除了钢琴，婴儿车、婴儿床、孩子的儿童玩具也都可以租赁。撇开婴儿车、婴儿床、儿童玩具价格高昂，购买它们要花掉大笔资金不说，孩子慢慢长大，这些车、床、玩具很快就会闲置，该怎么处理也是一件让人头疼的事。租赁店中的儿童用品种类齐全，既可以租单件也可以租整套，有时候比购买方便、实惠多了。

很多年轻人喜欢周末到户外登山、露营，购买一套基本的户外装备大概需要3000多元，但如果到营地户外用品租赁店中租赁，只需几百元就能租一套装备玩两天。喜欢骑车运动的年轻人也很多，他们常周末外出体验骑行乐趣。购买一辆山地车至少要1000多元，但如果在租赁店中租赁，有时候甚至百元左右就能体验一整天的骑行乐趣。

通过租赁物品节省消费的不只是囊中羞涩的年轻人，有一定事业基础、积累了不少家底的人也可以考虑以租代买。可能有些人不愿租赁物品，是因为在他们的消费观念中，用钱换回来的东西应该是能被自己永久"拥有"的东西。在他们看来，租赁是不得已而为之的行为，只有生活捉襟见肘的人才会这么做。其实不然，租赁可以让我们在享受高质量生活的同时快乐地省钱，通过租赁省钱是不分贫富、不分阶层的。就连知名社交网站Facebook的总裁马克·扎克伯格都热衷于租赁物品，他资产过百亿，却仍然住在租来的公寓中,坐着租来的沙发,看着租来的电视。

一件物品该租赁还是该购买,评判标准有二:第一,东西使用频率高不高;第二,会不会长期使用。对于那些经常用、常年用的东西,租赁不如购买。比如复印机,我们如果只是偶尔使用,可以租赁;如果常年使用,那么租赁就不如购买划算了。

■第07招 变废为宝

那些我们以为可以扔进垃圾箱的废品，很多时候其实都是可以生钱的宝贝。

1974年，美国政府翻新自由女神像，产生了大量的废料。政府招标，请人清理这些废料，然而没有一个人应标。大家都觉得没办法通过废料获得收益，如果处理不当，违反了纽约垃圾处理的规定，还有可能遭到环保组织的起诉。后来，一个刚到纽约的犹太人与政府签约，收购了这些废料。

在别人眼里，这些废铜块、废铅块、废螺丝和废木料几乎没有任何用途。有些运输公司甚至抱着看笑话的心态，想知道犹太人怎么处理这些堆积成山的废品。犹太人不慌不忙，把废铜块熔化，铸成了小的自由女神像。那些废木料被稍做加工，全都变成了女神像的底座；废铅废铝则被做成了纽约广场的钥匙。就连从自由女神身上扫下的灰，犹太人也做了一番包装，卖给了花店。

犹太人用不到 3 个月的时间，把这批废料变成了 350 万美元。要知道，如果这些废铜块以当时的标准铜价出售的话，价值仅是 350 万美元的万分之一。

所以，不要以为整理废品是丢面子、收益不大的行为，能够变废为宝绝对是一种理财智慧。即使不能像这位犹太人那样真的把废品变成"宝贝"，我们也可以把握好废品的市场行情，在废品最有价值的时间点卖出，获取最大的收益。要知道，很多时候，我们眼中的"废品"并不是真的没有价值了，只是我们还没有发现它们的价值而已。

如今很多物品都在涨价，经济迅速发展，需要大量纸箱，所以就连废纸价格都在上涨。废纸涨幅最高的时候，短短几个月每公斤价格就涨了一倍。2011 年，有些地区的废纸回收价甚至突破了每公斤两元。很多个体资源回收站到处收购废纸，有些个体收购者甚至开着卡车专收废纸。在这种形势下，我们如果还把废纸扔进垃圾箱，那么丢掉的可就不仅仅是"无用"的废纸，而是自己已经握在手中的财富了。

有些人会把自己的木质家具丢掉，仅仅因为家具外表磨损了，或者哪个部位掉了一块木板，哪个地方多了一道划痕。这些家具中有很多是质量不错的实木家具或进口家具，买的时候都花了大价钱，就这么白白扔掉实在太可惜了。严格来说，这些残缺破损的家具并不能算作废品，修补好照样可以使用。我们如果有能力自己修理家具，修好后出售，可获一定收益；如果不想或不会修理，可以将它们送进二手家具店，或者在二手交易市场看有没有人愿意买，这样也能收回一些费用。

■第08招 用"十二存单法"存钱

有一种储蓄方法叫"十二存单法",非常适合薪水不太高、月结余不多的工薪阶层。具体操作方式是:把每月结余存为定期存款,坚持一年。定期存单期限相同,但因为存入月份不同,所以到期时间也不同。

我们可以把存单期限统一设为一年,这样一年下来,手中就会握有12张存期为一年的定期存单。存单到期日期分别相差一个月。第二年,每个月都有一张存单到期。如果当月急用钱,我们可以把这笔钱提取出来使用;如果当月不需用钱,定期存单可以自动转存;如果这个月又有了结余,还可以把两笔钱存到同一张存单中,滚动续存。

无论提取还是续存,存单中的利息都是定期存款的利息。每个月存进工资的一部分,本金数额不会太高,即使存一年,单张存单的利息也不会太多。但如果长期坚持,本金不断叠加,利息随之上涨,我们会发现自己的存款在滚雪球似的增加。

实际上，"十二存单法"最实用的功能并不是这些。"十二存单法"的最实用之处是，在帮助我们最大限度获取利息的同时，充分发挥了储蓄的灵活性。每个月都有存单到期，意味着我们每个月都有一笔备用金可以自由支配，所以即使当月急需用钱，也不会损失定期存款利息。

月有结余但结余不多的不只是工薪阶层。如今的孩子家庭环境优渥，每月能拿到一笔不小的生活费，也常有结余；退休老人每月领到不少的退休金，花不完有结余也是正常的……这样看来，"十二存单法"的适用人群就不只局限在工薪阶层了。无论哪个阶层、哪个年龄段，只要月有结余，都可以尝试使用"十二存单法"存钱。

至于"十二存单法"能为我们积攒多少资金，那可就因人而异了。每个人的月结余不同、自控能力不同、耐性不同，所以即使使用同一种存钱方法，效果也是千差万别的。对于自控能力好、耐性也好的人来说，"二十四存单法""三十六存单法"都是可以尝试的存款方法。这两种存款方法的操作方式与"十二存单法"一模一样，只是存款周期变成了两年和三年。存款周期变长，利息也会变多。

第09招 活用定期存款，获取最多利息

定期存款比活期存款利息更高、更划算。为了获取更高利息，我们往往会把闲余资金存定期。可定期存款捆住了我们的流动资金，如果我们急需用钱，手头资金又不足，就不得不动用未到期的定期存单，这样一来就不得不损失一笔定存利息。其实定期存款也有很多技巧，我们可以在保持资金流动性的同时，不至于损失过多的利息。

我们如果手中有 10000 元钱，可以把这 10000 元存一张定期存单不如分存 4 张定期存单。存款期限可以定为一年，存单金额以金字塔形递增，一张 1000 元、一张 2000 元、一张 3000 元、一张 4000 元，需钱时根据需求金额提取存单。比如我们需要 1800 元，可以提取金额为 2000 的那张存单，损失的只是本金 2000 元这部分的利息，剩余的 8000 元利息照样享受。这样可以避免需要小额金钱却不得不提取大额存单的情况出现，将利息损失减到最小。这种储蓄法被称为金字塔储蓄法，是一种实用且灵

活的定期存款方法。

存期越长利率越高，所以我们在保证资金灵活度的前提下，要尽可能把定期存款的存期拉长。假设我们有5万元钱，可以将这笔钱分成5等份，其中1万元存一年定期，1万元存两年定期，1万元存三年定期……1万元存五年定期。一年后，将到期的1万元存单转为五年定期；两年后，将到期的第二份存单转为五年定期；三年后，再将第三份存单转为五年定期……这样依次类推，之后每年都会有一张存单到期。如果急需用钱，只需动用其中一张存单就可以了。用这种方法存定期，每张存单都可以获得五年期定存的高利息。这种存款方法叫作分项储蓄法，也有人称它为递进式储蓄法。这种储蓄方法利率高，资金有一定的灵活度，操作方法也十分简单，非常适合储备养老金。

我们还可以选择交替储蓄法存定期：将闲置资金平均分成两份，一份存半年定期，一份存一年定期；半年定期的存单到期后，转存一年定期，这样每隔半年就会有一张存单到期。我们如果每月结余不多又想攒钱，可以开一个零存整取账户，假设每月能定期存入500元，那么一年下来就能积攒6000元的本金，本金加上利息也是一笔不小的财富。

活用定期存款的方式很多，并不局限于我们提到的几种。需要注意的是，无论使用哪种定期存款方式，存款时都一定要开通自动转存功能，不然定期存款到期后，如果忘记提取，定期存款会自动转为活期，会损失一笔利息。

办理自动转存手续还需要注意，自动转存功能或许会给我们造成损失。因为有些银行转后的存期与原存期相同，如果原存期为两年，自动转存的存期也是两年，两年中银行利率或许会上调，而转存存款利息仍是上调前的利息。如果遇到这种情况，开通自动转存功能就有些不划算了。我们可以亲自去银行把钱支取出来，重新存定期，经过"人工转存"后，存款就可以享受上调后的利息了。

■第10招　使用超短期通知存款

目前，银行的活期存款利率较低，如果我们把闲置资金存活期，这么低的利息加上通货膨胀的因素，半年或一年后资金或许不但没有增值，反而可能贬值；如果存半年或一年定期，存款利息也有限，而且资金流动性变差，一旦急需大笔资金周转，提前支取定期存单，就要损失一部分利息。

除活期存款和定期存款外，还可以选择另一种储蓄方法，就是超短期通知存款。

最常见的超短期通知存款是七天通知存款。这种存款业务以七天为期，存款当日建立通知，七天后可以在提取本金的同时获取利息。

超短期通知存款不仅灵活，可以保障资金流动性，而且利率比活期存款高，是一种方便又划算的存款方式。除七天通知存款外，常见的超短期通知存款还有一天通知存款。一天通知存款是存款当日建立通知，第二天就可以支取的存款方式。这种存款方式利率也比活期存款高，不过因为存期太短，所以并没有受到人们的广泛重视。我们如果手中有一笔闲置资金，一周或十天内不会使用，无法存合适存期的活期或定期存款的话，完全可以办理一天或七天的超短期通知存款，在保证资金灵活性的同时享受高利率，获取高收益。

超短期通知存款的利率虽然高，但我们不能因此而随意办理这种存款业务。超短期通知存款对存款金额和支取方式有严格的规定和限制，比如存款必须一次性存入，最低存款金额为5万元；可以分次支取，但支取后账户余额不能低于最低存款金额，余额一旦低于5万元，银行将自动把通知存款转为活期存款；如果要将存款提前一次性取清，那么利率按活期利率计算；如果逾期取款，逾期部分利率也按活期计算。

相比活期存款和定期存款，超短期存款有更多的优势，因而越来越受人关注。近几年，通过超短期通知存款打理个人资金的人越来越多，银行可选择的超短期存款种类也越来越多。

第11招　巧用银行复利存钱

复利俗称"利滚利",是计算利息的一种方法。算法是这样的:假设我们将10000元放进银行,存2年定期,两年期存款利率为1.9%,到期后我们可以拿到10000+10000×1.9%×2=10380元。如果我们续存这10380元,再存2年定期,两年后我们就能拿到10380+10380×1.9%×2=10774.44元。

普通的定期存款都是以单利计算的:存10000元进银行,存期2年,本息共10380元;2年后如果我们没有把钱取出来,存单自动转存,续存2年定期,计算利息时仍以10000元为本金,而不会以10380元为本金。相比普通定期存款,利用复利存款的优势在于存款利息滚入本金,本金不断叠加,利息也随之增长,我们得到的收益正是"滚"出来的利息。

相比其他理财方式,银行复利在短期内的确看不到太高收益,长期坚持才能见效,而复利金额的高低与存款年限长短有直接关系。

有人觉得计算复利的方法太麻烦,100元钱,利率3%,计算10年后的复利，要把"本金×（1+3%）"这套运算算10次。其实复利的运算有一个更简单实用的方法，叫作"72法则"。无论数额多大的款项，如果利率为1%，72年后资金都会翻倍。我们如果想计算资金翻倍需要的年数，只需用72除以利率数字就可以了。比如：利率为3%，资金翻倍年数就是72÷3 = 24年；利率为8%，资金翻倍年数就是72÷8 = 9年。

第12招 利用外币储蓄理财

外币存款利率比人民币存款利率高，近几年又多次上调。举个例子，假设我们有 10000 元人民币，放入银行存一年定期，年利率 3%，一年后我们能拿到 300 元利息；如果我们有 10000 元澳币，在银行存一年定期，澳币年利率最高的银行利息达 7.4%，一年后我们能拿到 740 澳元利息。外币储蓄风险小，收益稳定，是一种稳妥又安全的理财方式。

定存外币存期分五种：一个月、三个月、半年、一年和两年。我们存多长时间的定存，应考虑两方面因素：汇率及利率。如果一种外币汇率稳定，利率又较高，我们不妨选择较长存期；如果这种外币汇率不够稳定，利率也不够高，最好选择短期定存，这样利息转高时可以快速转存，提前支取时不致损失太多利息，汇率生变时也可及时抽身。

外币与人民币的汇率比不是一成不变的。如果外币贬值，"汇差"高过利率，外币储蓄就不再是"理财"工具，而变成"散财"工具了。例如在 2005 年到 2008 年，美元持续贬值。2005 年兑换 100 美元需 819.17 元人民币，2008年100美元的人民币兑换价仅694.51元。这时如果我们仍将人民币兑换成美元存在银行，损失就惨重了。

或许有人会说，汇率生变时我们提前支取存单不就行了吗？要知道，外币定存不像人民币定存，未到期就提取存款还能拿到活期存款的利率，外币定存提前支取是没有利息可拿的，所以选择定存时建议存三到六个月，存期不长，存款机动性高，汇率或利率生变时资金不致被困。

不只存期要选择，存入的银行也要"货比三家"。各银行可在国家规定范围内自行调整利率，所以不同银行利率高低不同。此外，有些银行提供"存兑一条龙"服务，更方便存款。选择银行时，我们应选择利率更高、服务更全面的银行。

至于该选择什么样的币种，也应该根据实际情况综合考量。国际金融市场对外币利率的影响较大，所以国际金融形势是必须考虑的因素之一。政治也影响货币利率，政局不稳定的国家货币利率变化大，如南非币、土耳其币虽然利率高，但当地政局不稳，所以币种风险大，兑存前我们应慎重考虑。汇率稳定利率又高的币种首选美元和英镑。此外，加拿大元、澳大利亚元和欧元等也都是不错的选择。

一种较好的外币储蓄方式是适度地组合美元、澳币、英镑等不同币种，这样一旦某种外币汇率生变，我们还有其他币种作为保障，安全性更高。

与人民币定存一样，去银行做外币定存时也应与银行约定，办理自动转存功能。这样存款到期后，如果我们没有时间前去提取或办理转存业务，存单会自动转存，就不至于损失一笔定存利息了。

第13招 尽量防范储蓄风险

在所有理财方式中，储蓄算是最稳健的一种，然而稳健不代表没有风险，和其他理财方式一样，储蓄也存在着风险。

常见的储蓄风险有两种：

第一种是存单、存折、银行卡等存款凭证丢失，账户信息泄露的风险。我们身边或许都有朋友丢过钱包，钱包中如果刚好有身份证和银行卡，那么账户被盗的可能性就会大大增加。

第二种是收益安全风险。这种风险指的是我们无法获得预期的利息收入，或通货膨胀等因素致使储蓄本金贬值。举个例子，如果我们有一张10000元一年期的定期存单，存期未到时，我们急需1000元，但不知道定期存款可办理提前支取手续，提取出了存单中的全部金额10000元，这时就要损失一笔预期应得的利息了。

储蓄风险的存在，既与存款凭证、个人财产管理不善有关，也与我们所选银行的信用有关。现在有很多民营银行，信用并不高，无法保障资金安全，我们一定要学会观察判断。判断银行信用的标准并不是银行规模、宣传和外表，而是银行的经营效益、资金流动性和资本金充足率等硬指标。我们如果对这些指标都不够了解，那就尽可能选择中国银行、中国工商银行、中国建设银行、中国农业银行等国有银行。

选好值得信任的银行后，在银行开户存款时，我们肯定要填写存款凭条。有些人较粗心，填写凭条时常写错个人电话、居住地址等信息。凭条不能涂改，填错只能作废，他们或许会将填错的凭条随意丢在柜台上；还有一些人不注意保护隐私，将自己所填的户名、账号、密码等信息暴露在他人视线中。别有用心的人会利用这些机会获取信息，根据凭条中的内容去银行假挂失，冒领存款。

办理好存款手续、拿到存单后，我们要注意核对存单中的信息。存单是我们手中唯一的存款凭证，存单中的信息是否齐全、准确至关重要。存单到手后，要重点核对三个地方：存款金额、个人姓名、银行印章。确认姓名金额无误、印章齐全后，我们再领取存单，离开柜台。存单要妥善保管，一旦遗失，一定要尽快携带自己的身份证等证件和相关资料到银行办理挂失手续。

账户密码的设置也是我们要重点留心的一项内容。有些人喜欢用自己或家人的生日、自家电话及一些简单的数字做账户密码，这种密码很容易被他人破解。如果我们的身份证和存折同时丢失，别有用心的人很有可能通过我们的身份证号码套取出账户密码。设置账户密码时，最好不要使用容易被他人知晓的数字，可以选择对自己有特殊意义又不容易为人所知的数字。同时，尽量不要将身份证与存单、存折、银行卡等放在同一个地方，以免被他人窃取。外出时也应尽量携带银行卡，不要携带存折，因为存折中的存款金额一目了然，别有用心的人看到后容易心生贪念。

■第14招 使用银行卡理财

现在，银行卡的使用越来越普遍，所以很多人选择使用银行卡消费。有些人的手中不止持有一张银行卡，口袋里可能装着很多家银行的很多种银行卡。这些银行卡种类不一，功能各异，推出银行和面对人群都是不同的，有些可以用来存款，有些可以用来消费，有些可以用来领取工资。

面对这么多种类、功能这么齐全的银行卡，如果我们还是只把它们当作存取款工具的话，那就太浪费了。每一款银行卡都有自己的特色，我们可以将它们发掘出来，好好利用。比如：信用卡可以先消费后还款；使用某些银行卡消费，可以享受打折优惠；有些银行卡能享受很多便捷服务。银行卡如果使用得当，不但可以便宜购物，还能更好地打理我们的个人财富。

银行推出的银行卡五花八门，其中的很多种类、很多功能都是用不到的。其实，日常生活中我们只需持有四张银行卡就足够了：一张用来按月支付基本生活费用，一张用来购物，一张用来投资，一张用来储蓄。

很多人每个月都有几笔固定消费，如房租、水电费、手机话费等不能缩减的必需消费。每月工资到手后，先把这部分费用拿出来，存在第一张银行卡上。这样，这张卡就有了它的专门功用。卡中存入的金额无须太高，只要能支撑基本生活就够了。

基本生活之外，大家肯定有一些业余爱好，比如读书、健身等；或许要参加同学聚会，要为家人或朋友准备礼物，这些又是额外开支。这些费用可以存在另一张卡中，直接刷卡消费，累计的积分也可以享受不少优惠。

除去基本生活费用和各项消费之外，很多人或许月有结余。结余应该分两部分，一部分用来投资，一部分用来储蓄。如果没有太多的投资理财经验，那么每月的投资金额最好控制在1000元以内，把多数结余存在储蓄卡中。投资有风险，储蓄又无法使钱生钱，该怎样分配投资与储蓄的比例关系，最好还是根据自己的实际情况，具体问题具体分析。

第15招　投资债券前要先了解债券

我们把资金存在银行中，利息抵不过通货膨胀，资金实际是在贬值。银行储蓄越来越不划算，我们不如选择收益更高的投资方式打理财产。债券投资就是风险不高而收益较高的投资方式之一。

投资债券前，我们要先了解债券。债券是政府、金融机构、工商企业等为筹措资金，依照法定程序向社会发行的有价证券。这种证券有一定的偿还期限，偿还时既要支付本金又要支付利息。债券具有法律效力，一旦被购买就确定了债券发行方和持有方之间的债务关系。

债券种类繁多，划分标准不同，划分出的类别也不同。

按发行主体分，债券可分为政府债券、金融债券、公司债券、企业债券和国际债券五种类型。

政府债券由政府发行，包括国债与地方政府债券等种类，其中发行最广泛、安全性最高的是国债。

金融债券由银行等金融机构发行。金融机构资金实力较雄厚，信誉度较高，所以债券风险较低。

公司债券是由上市公司发行的债券。公司债券风险高还是低，全看公司资产、经营及盈利状况如何。

企业债券由国有企业发行，它的信誉保障是政府信用。

国际债券则是政府、金融机构、企业等向国外发行的债券，这种债券的重要特征是发行方与购买方分属于不同国家。

有些债券需要做财产担保，有些债券不需做财产担保。需做财产担保的债券叫抵押债券，不需做财产担保的债券叫信用债券。根据抵押品不同，抵押债券又可分为一般抵押债券、不动产抵押债券、动产抵押债券、证券信托抵押债券等种类。一般抵押债券常以企业财产为担保品，不动产抵押债券以房屋等不动产为担保品，动产抵押债券以商品等动产为担保品，证券信托抵押债券则以股票等有价证券为担保品。如果债券发行方违约，为保证债券购买者的权益，担保品可被变卖处置。信用债券则全凭信用发行，债券发行方必须绝对可靠守信才能够发行这类债券。政府债券就属于信用债券，此外一些信誉卓著的大公司也有资格发行信用债券。

划分债券种类的方式不一，按付息方式可分零息债券、浮息债券、定息债券三种，按偿还方式可分一次到期债券、分期到期债券两种，按能否上市又可分为上市债券和非上市债券两种……债券种类这么多，不同种类债券的收益、风险大不相同，我们购买时一定要多方比较，谨慎选择。

因为债券收益多来自利率，所以我们要了解债券利率的计算方法。有些债券利率以单利计算，即无论偿还期限长还是短，都只按本金计算利息。有些债券利率以复利计算，即一定期限内，本金所生利息会计入本金再生利息，逐期滚算。还有一些债券以年利率逐年累进的方式计算利息，随着年数增长，利息会越来越高。我们挑选债券时，要将债券计息方式考虑在内。要知道，计息方式不同，最终受益也是大不相同的。

投资债券时，最应该考虑的不是计息方式，而是债券风险。政府债券风险要小于金融债券，金融债券风险又小于企业债券；反过来，企业债券收益最高，政府债券收益最低。我们如果投资求稳妥，最好选择风险较小的债券类型；如果想获取更高收益，那么就要做好面对高风险的准备。

债券有不同的偿还期限。一般来说，债券偿还期限越长，风险越大，利率越高。此外，债券发行价、购买者的持有时间也会影响债券收益。

第16招 做好债券投资的准备工作

债券投资不需耗费太多心力，又能获取较高收益，是一种适合人群非常广泛的投资方式。很多人想拿出一部分余钱投资债券，却不知道投资前自己该做哪些准备工作。有些人甚至因为准备工作没有做好，导致投资失败，资金受损。

债券投资的准备工作没有我们想象的那么复杂，我们只需按流程逐步操作就可以了。

下定决心投资债券后，我们先要找一家可靠的证券经纪公司，开一个属于自己的投资账户。开户过程通常分两步：第一步，签订开户合同；第二步，开设账户。我们与证券公司签订的合同，内容应该包括以下几项：开户人的姓名、年龄、职业、住址、身份证号码；合同双方的权利和义务；开户人对证券公司的经营规则和证券行业的行业规章表示认可；合同有效期；合同续签的条件和流程。

合约签好后，就可以开设账户了。开设账户是从事证券交易最基本的准备工作，没有账户是无法进行交易操作的。开户时，要同时开设两个账户，一个现金账户，一个证券账户。现金账户可以存储投资资金，我们用这笔资金买入债券，支付各项款项；证券账户的功用则是交割债券。

现金账户中的现金周转流程是这样的：我们把资金交给证券公司，由证券公司转存入银行，买入债券时直接从账户中划款，银行利息也直接划入该账户。证券账户与银行关联不大，由证券公司免费代为保管。两个账户缺一不可，没有现金账户无法买入债券，没有证券账户同样无法进行债券买卖。

有了个人专有的投资账户，并不代表可以直接上市进行交易。交易前，我们还要和证券公司建立证券交易委托关系。要想进入证券交易所从事债券交易，与证券公司建立委托关系是一道必经程序。这道程序中最核心的一项内容是要向证券公司的办事机构发出"委托"。我们既可以在证券公司向工作人员当面发出委托，也可以通过电话发出委托。可供办理的委托形式有多种。如果要买进债券，可以办理买进委托；如果要卖出债券，可以办理卖出委托；如果要撤销交易，可以办理撤销委托或者立即撤销委托。此外，还可以办理日委托、多日委托、限价委托、停止损失委托、停止损失限价委托、随行就市委托、整数委托和零数委托等。

证券公司接到委托后，会根据我们的委托指令，填写委托单。委托单中包含的内容，有我们开设的账户类型、交易债券的种类、债券数量、交易价格及交割方式等。证券公司在证券交易所通常有驻场人员。委托单必须及时交到驻场人员手中，由驻场人员负责执行。

驻场人员顺利拿到委托单后，我们的债券投资准备工作就基本结束了。接下来的实际投资操作，证券公司会协助我们进行，我们只需负责看准行情，找到适合自己的债券种类，将自己的投资意向传达给债券公司，请债权公司代为操作就可以了。

第17招　谨慎选择债券投资种类

任何投资都要谨慎小心，债券也一样。有些人将自己的所有资金都拿来投资同一种债券；还有一些人不考虑资金安全，大批购买收益高、风险高的债券。这些都是不谨慎的投资行为。债券种类繁多，我们投资时一定要谨慎选择，找到最适合自己的一种或几种。

市场中的债券种类繁多，分类标准不统一，根据不同分类标准划分出的类别也各异。我们投资时，很容易被五花八门的类别弄得头晕眼花。有些人始终不知道自己该投资哪些种类的债券，原因之一正在于弄不明白不同的债券种类是怎样被划分出来的，各种类债券有怎样的特性，债券间又有怎样的区别。我们投资债券其实不需要弄清楚所有的划分类别和债券种类，只需要了解几个最基本、最简单的分类就可以了。比如，我们要知道债券按发行主体可分政府债券、企业债券等五类；而其他的划分方式，如按计息方式划分、按担保方式划分等，就不需要了解得那么清楚了。

了解基本的债券种类后，我们就可以开始选择了。

投资债券为获利，但获利是其次，首先要考虑资金的安全性。政府债券虽收益较低，但安全性最高；企业债券收益较高，但安全性最低。受经济环境、经营状况或者企业本身的信誉等因素影响，企业随时都可能违约。如果企业因经营不善而倒闭的话，那就更不可能按期偿还本息了。投资企业债券，还要缴纳一定数额的收益税。如果投资观念较保守，不愿承担太高风险，最好投资政府债券。

如果投资企业债券，我们最好先考察一下企业的业绩和口碑。业绩与口碑是债券安全性的保障。购买时最好选择有财产做担保的抵押债券，一旦企业无力偿还本息，抵押财产可代替未偿还的资金。

此外，选择企业债券时，我们最好选择那些已上市或者有上市可能的债券。因为债券上市前，证券交易所必须对企业进行资格审查。债券能上市的企业的经营业绩必须达到一定标准，债券发行量必须达到一定规模，持有债券的人也必须达到一定数量，所以债券安全性更有保障。

除安全性外，我们还要考虑资金流动性。所谓的流动性高或者低，指的是收回债券本金的速度快或者慢。若债券流动性高，意味着我们可以在较短的时间内将债券兑换成价值相当的货币。

债券按偿还期限可分长期债券、中期债券和短期债券三种。偿还期限在10年以上的长期债券利率高，可为我们带来更多收益，但流动性较低；偿还期限较短的债券流动性高，但利率低，收益也较低。我们如果希望手中有流动资金，购买短期债券较合适；如果手中资金较充足，希望获得更高收益的话，那么更好的选择就是购买长期债券。此外，政府债券、信誉较好的公司发行的债券都有较高的流动性。

　　投资债券时要合理搭配政府债券与企业债券、长期债券与短期债券。这种搭配方式实用又理想，既能保证资金安全性，又能保证投资收益。

　　与选择债券投资种类同等重要的是要谨慎确定债券投资金额。金额大小因人而异，确定原则只有两点：保证自己有足够的日常消费资金，保证自己手中有足够的款项应对突发事件。

第18招　投资国债保障资金安全

国债又叫国家公债,是国家为筹集资金向社会发放的一种债券。它有国家财政信誉做担保,信用度高,风险低,收益稳定,是最安全的投资工具之一,被人们称为"金边债券"。国债利息比银行定存利息更高,且不需缴纳利息税。如果我们希望稳健投资,国债是非常适合的选择。

现在发行的中国国债主要有两种,即凭证式国债和记账式国债。

凭证式国债是一种储蓄式国债,多为三年期或五年期。它没有实体债券,以填制国库券为收款凭证。收款凭单样式类似银行定期存单,仅可用作债权证明,不可上市流通。因为不能上市,所以债券没有市场风险,价格不会随市场利率变动。这种国债投资门槛较低,最低投资金额为100元,购买额是100的整数倍。

凭证式国债可记名,可挂失,也可随时到原购买点兑取现金。如果要提前兑取凭证式国债,国债仍在发行期,那么我们只能拿到本金而拿不到利息；如果已过发行期，但购买期限在半年以内，那么利息按当时的活期利率计算；如果购买期限超过半年，那么利息按从购买日到兑取日的天数以及相应的利率档次计算。需要注意的是，提前兑取债券时，必须缴纳本金2‰的手续费。

凭证式国债提前兑取必须一次性兑完，不能部分兑取，机动性不高，我们如果不确定什么时候会用到这笔资金，最好不要购买凭证式国债，以免因提前支取而造成资金损失。基本不动用资金的老年人及存钱养老的投资者更适合购买凭证式国债。

记账式国债又叫无纸化国债，是通过计算机记账方式记录债权的一种债券。购买这种国债时，我们必须在证券交易所设立账户，将个人信息和持有的国债金额登记在账户中。银行不会提供实体债券或纸张单据，只会在我们的账户中记上一笔。我们要想证实债券所有权，可以拿出收据或对账单。

相比凭证式国债，记账式国债的灵活度更高，交易门槛也更高。债券可以上市交易、自由买卖，最低交易金额为1000元。记账式国债比凭证式国债的品种更多，可选择性更强。

因为可上市交易，所以记账式国债的价格会随市场利率涨跌。通常，国债发行期结束、开始上市交易的时间段价格较不稳定，我们最好避开这个时间段，以减少价格波动带来的损失。债券上市交易一段时间后，价格会趋于平稳，这时债券能为我们带来多少收益，就要看市场供求了。物价影响记账式国债的价格，物价越高，国债价格越低。事实上，如果没有特殊情况出现，各只记账式国债的收益是相差无几的。

记账式国债的优势之一是利息。这种国债利息不仅高于同时期的储蓄存款利息，而且高于同期发行的凭证式国债利息；债券按复利计息，利息年付或半年付，得到的利息可以再投资。记账式国债不能提前支取，只能买卖。高买低卖会亏损，低买高卖却可赚取差价。买卖时只需支付证券商少量手续费，利息仍按原利息计算，既不会损失本金也不会损失利息。如果债券价格较低，买卖就比不上持有到期、享受利息划算了。

年轻人信息畅通，对市场变动敏感，更适合投资记账式国债。如果是个人投资，最好购买短期记账式国债。因为债期较长，一旦市场生变，债券价格下跌，投资者可能就要损失一笔资金。

第19招 用梯形投资法投资债券

债券投资收益比储蓄高,风险比炒股低,是一种较理想的投资方式。然而债券投资也有它的不足,就是投资期限较长,无法保证资金流动性,投资后几年才能获利。我们无法改变债券投资的特性,但可以改变自己的投资方法,在保证资金安全性和流动性的同时,让自己的投资更快获利。

有一种投资债券的方法叫等期投资法,投资方法是这样的:我们每隔一段时间认购一批投资期限相同的债券,持续投资后,每隔一段时间都有一批债券到期,这样我们就会有定期的本息收入了。如果我们把这种投资方法用数学曲线图的方式反映出来,曲线会呈阶梯状,所以这种投资方法还有一个名称,叫梯形投资法。这种投资方法收益稳定,操作简单,管理方便,是众多债券投资方法中较切实可行的一种。

如果把梯形投资法变异一下,我们会找到另一种实用的投资方法:认购债券的时候,在期限最短、期限中等和期限较长的债券类型中投入金额相等的资金，等期限最短的债券到期后，用本息收入再次投资；期限中等、期限较长的债券到期后，如果不急需用钱，也把本息收入再次投入债券市场。不同的债券到期时间不同，如果规划得好，一年中债券的到期时间分布较平均，那么也就相当于每隔一段时间都有定期的收入。如果急需用钱，可以把其中一只与需用钱金额相当、重要性较低的债券转手，等资金周转过来再投资。

投资债券的方法很多，不只有梯形投资法。

如果对债券市场了解不够或者没有足够的时间关注、分析债券的话，最好的投资方法是买入一定数额的债券后一直持有到期。这种投资方式风险较小，收益波动也较小，可以获得较稳定的利息收益。如果选择这种方式投资债券，我们可以购买凭证式国债、记账式国债，或者信誉较好的企业债券。

有些投资者对债券市场有一定了解，但平时没有太多时间关注债券市场。这类投资者可以在长期持有债券获取利息的基础上，抓住债券价格波动的机会获取收益。这种获益方式操作并不麻烦，买入债券后，看准债券价格上涨的时机卖出，就可以获取差价。

你如果对债券市场有深入了解，对债券价格的走势有较强的预测能力，平时又有较多时间关注市场走势的话，可以完全采取"高买低卖"的投资方法。对债券市场做出判断，预测出一定时间内的市场走势后，可以买进有上涨空间的债券，等债券价格上涨时卖出；如果预测到自己手中的债券有下跌可能，那就尽早卖出债券，等债券价格跌至谷底时再度买进，以期价格上涨后卖出获益。这种投资方法收益较高，但要求投资者对债券市场有较强的预测能力，风险也较大。

第20招　尽量规避债券投资风险

投资有风险，债券也一样。相比股票市场，债券市场较稳定，但我们不能因其稳定就忽略它的投资风险。投资债券前，最好对投资风险做出大概预测，以减少不必要的财产损失。

常见的债券风险有以下几种：

第一种是购买力风险。购买力风险主要表现在通货膨胀时期。这一时期纸币贬值，购买力下降，与钱币面值对应的债券面值也会下降；债券的实际利率是票面利率扣除通货膨胀率后得出的数字，所以其实际利率也在下降。如果这时将债券兑换为现金，现金的购买力相比以前是大打折扣的。

第二种是再投资风险。再投资风险主要表现在短期债券的投资中。假设长期债券的利率是10%，短期债券的利率是8%，有些人或许会为保持资金流动性或减少利率风险而选择购买短期债券。等债券到期兑换成现金后，如果平均利率跌到6%，那么再寻找利率为8%的投资机会就不容易了。这样看来，投资短期债券还不如投资长期债券有保障，如果投资长期债券，仍可获得10%的利率。

第三种是违约风险。这种风险在企业债券中的表现较明显。有些企业或许因经营管理不善而导致资产减少，债券到期后拿不出足够的钱偿还本息，所以可能会有违约的情况出现。投资企业债券前，一定要对公司进行详细调查，仔细分析公司提供的报表，深入了解它的盈利状况、信誉和偿债能力，以避免此类风险发生。

第四种是变现能力风险。债券市场上的债券种类繁多，有些种类偏冷门，有些种类偏热门。热门债券较受欢迎，成交量较高，所以风险较低。我们如果购买的债券刚好较冷门，短期内不能以合理价格卖掉，那么就面临着债券无法变现的风险。有些债券或许特别冷门，很长一段时间都无人问津，根本无法卖出，想尽快脱手就只好折价出售。

第五种是时间风险。债券市场虽比股票市场稳定，但也存在很多变量。债券期限越长，市场生变的概率越高，所以很多购买长期债券的人越接近兑换期，心里越踏实。正因为存期长意味着不可测风险高，所以市场上利率相近的债券期限越长，价格越低。

除以上五种外，债券还存在利率风险。有时我们购买一种长期债券后不久，发现债券利率上调，而债券仍按原利率计息。相对来看，这无疑是损失了一笔利息。不过，这种损失是因为有比较才产生的"相对损失"，并不是直接损失。我们如果坚持到期兑现，仍能获得预期的收益，只不过比利率上调后的收益略低而已。

大多数人都是小额投资者，根据市场走势投资，债券价格上涨时买入，价格下跌时抛出，以此获益。跟随市场形势做买卖虽然能降低投资风险，但我们仍然要留意，不要盲目跟风，要掌握好买卖时机。有时我们能判断出债券价格已经涨到极限，要开始回落了，有的人却还在一窝蜂购买，这时我们就没有"顺势"的必要了，及早抛售才能免遭损失。

长期债券收益高，这不代表我们都要投资长期债券。对于风险承受能力较低的个人投资者来说，长期债券风险较高，占用资金的时间较长，或许并不是最佳的投资选择。相反，短期债券期限短，不会太长时间占用资金，风险较小，比长期债券有更多的投资优势。投资者如果觉得短期债券收益太低，又不想承担长期债券的投资风险，可以考虑投资中期债券。现在，7年期国债与10年、15年期国债的利率已经大体相当了。

如果把所有资金都投在同一种债券上，一旦债券出问题，我们就会损失大笔资金。选择不同种类的债券分散投资，是规避债券投资风险最简单可行的方法之一。

债券投资有风险、价格走势有起伏都是正常的，投资时千万不要因小的风险、小的价格起伏而自乱阵脚。买进合适的债券后，无论是涨是跌，我们都要耐心持有，静心等待价格上扬的抛售时机，这才是明智的做法。

第21招 拿出闲钱投资基金

我们如果有一笔闲钱,想通过投资获益,但钱不多,自己又没有太多时间和精力的话,可以考虑与他人合伙出资,雇用一个投资高手来操作这笔资产,投资增值。这笔资产就是基金,这种投资方式就是基金投资,这些合伙出资的人是基金投资人,而这个被雇用的投资高手则被称作基金管理人。

基金管理人的职责是制定基金资产的投资策略,通过投资股票、债券等金融工具使出资人最大限度地获利。按照合约规定,基金管理人可以提取一定比例的资产做管理费。有些投资者为激励管理人,使他更有效地利用资产,还在合约中规定管理人可以按业绩拿报酬。为了保证基金资产的独立和安全,基金管理人并不实际接触基金资产。现在,基金市场上的基金管理人多是一些基金管理公司。

资产是大家的,但不可能我们每个人都直接与基金管理人交涉。为方便投资人与管理人联络,我们可以推举一个较懂行的人出来做牵线者。这个牵线者就是基金托管人，负责张罗基金投资中的大小事宜，比如提醒基金管理人可能存在的投资风险，定期向投资人公布财产盈亏状况等。基金管理人不实际接触资产，资产由基金托管人保管。托管人按照管理人的指令划拨资金，分配收益。与管理人一样，基金托管人也要按比例提取一定的托管费。目前，市场中基金托管人的担任者多是一些有一定资质的商业银行。

基金投资要比我们举例说明的合伙投资大几千甚至几万倍。其实严格来说，基金与股票、债券等其他金融工具是有本质不同的。股票、债券等金融工具都可直接成为投资对象，基金却以股票、债券等金融工具为投资对象，所以基金也可以被看作一种金融中介。

投资基金优势很多，总结起来有五点：

第一，投资者众多，这使得基金投资必须收益共享、风险共担。基金投资收益分配方法是这样的：收益扣除各种费用后，盈利全归投资者，由基金管理人按合约分配；基金管理人和基金托管人只能收取法律规定数额的手续费，不能参与收益分配。

第二，因为基金集中了很多投资者的资金，所以颇具规模，而大笔资金比小笔资金有更多的投资优势。基金管理公司拥有大量专业投资人才和强大的信息网，由他们打理这些资金，中小投资者也能享受到专业的投资服务。

第三，《中华人民共和国证券投资基金法》有明确规定，基金必须以组合的方式运作。这样一来，每笔基金就会同时购买几十甚至几百种债券和股票，意味着投资者用很少的资金购买了很多种债券和股票，就算其中某种股票下跌，还有其他债券、股票支撑收益，投资风险大大降低。

第四，基金投资的起点要求较低，1000元就可投资；手续费也较低。所以，就算我们闲钱不多，也可根据自己的能力投资基金。

第五，基金变现较容易，收回投资较方便，不必担心资金被套的问题；投资基金，我们在税收上也可以享受优惠。

■第22招　谨慎选择值得投资的基金

市场上的基金种类繁多，不同种类的基金又有不同的投资理念，令人眼花缭乱。我们如果对基金投资没有足够了解，真不知该如何选择。如果向专家征询意见，我们极可能得到类似的回答："挑选好的基金。"可怎样判断基金是好是坏，这对于非专业投资者来说又是一个大难题。

判断基金好坏是有一定标准的。我们投资基金是为了长期获利，所以那些通过投机短期获利的基金并不是理想的投资选择。通常来说，如果一只基金能长时间保持较好收益，那么这只基金就符合我们长期投资的理念，就是一只值得投资的好基金。

我们选择长期投资，是因为长期投资不需要担心基金价格在短时间内出现变动，选择基金品种时可以选择风险较高、获利较多的品种。短期投资则不然。如果投资期限较短，我们将不得不承担短期内基金价格波动的风险；选择基金时，为减少风险，也只好尽可能选择风险较低、收益较少的品种。

该做高风险投资还是低风险投资，要考虑自己的承受能力。高风险投资虽然能带来更高收益，但如果我们对基金市场的短期价格波动较敏感，还是应该考虑投资收益较稳定、风险较低的基金；如果不计较短期内基金价格的改变，希望能获取较高收益的话，那么还是风险较高的基金更合适。

选定投资期限后，我们就该选择基金种类了。

投资基金前，我们肯定要阅读基金招募说明书，了解基金性质、基金投资状况及基金管理人的履历。阅读时我们要注意，招募说明书透露的基金信息越充分，说明这项基金对投资人越尊重、坦诚，基金越值得投资。如果基金投资策略出现重大调整、基金管理公司内部成员的职务出现重大变更，基金都应及时发出公告。

阅读招募说明书阶段，我们还应该弄清楚投资费用、资金管理等重要问题。基金往往会向投资人收取一定的托管费、管理费、证券交易费等营运费用。规模相近的基金营运费用大体相当，营运费用太高的基金不应被我们列入投资范围。有时可能发生这种情况：几只小基金合并成了一只大基金。通常来说，基金合并不应该致使营运费用上升。

为了吸引投资者，有些基金会将自己某一时期的优秀业绩作为案例，写在招募说明书中或放在宣传广告中。我们不要被宣传手段迷惑，投资前一定要全面搜集信息，了解这只基金的长期业绩后再做判断。

不同种类的基金风险、收益都不同，我们选择、比较时一定要同类型做比较。基金种类繁多，有股票型、债券型、混合型，还有货币市场基金。就收益来说，股票型基金收益最高，货币市场基金收益最低；相应地，股票型基金风险最大，货币市场基金本金安全性最好。如果拿一只股票型基金与一只货币市场基金比收益，肯定是不合理的。

很多人因对基金市场不了解或没有足够的时间精力，不愿自己投资基金，选择将资金交给基金公司打理。这时，选择一家值得信赖的基金公司就变得无比重要。好的基金公司应当有完善的管理体制，内部控制良好，人员稳定。基金公司如果内部结构不完善、人员变更频繁，那么不仅影响公司发展，还影响基金操作的稳定性。

判断一家基金公司是否值得信赖，还可以看它的淘汰机制和薪酬制度。好的基金公司通常有自己的淘汰机制，以使自己的基金经理队伍更优秀；好的基金公司激励机制的建立，应该以投资者利益为基础，而不是基于股东利益。这样的基金公司才可能真正对投资者负责。

第23招　建立自己的基金组合

西方有句谚语："不要把所有鸡蛋都放进同一个篮子里"，这句话应当成为我们投资理财必须牢记的理念。投资必然有风险，不把所有鸡蛋都放进同一个篮子里正是分解风险的一种好方法。基金也是这样。如果把所有资金都用于投资一种基金，那么一旦基金市场生变，我们就有可能血本无归；如果拿自己的财产投资不同类型的基金，建立自己的基金组合，将基金投资风险分解开，资金安全将有更多保障。

组建基金组合不仅可以分解风险，而且可以将各种基金的优势发挥到最大，有效达成投资目的。低风险基金的缺陷是收益不高，收益高的基金往往风险也高，单一投资总是利弊各半。我们可以将两种基金同时纳入自己的基金组合，这样不仅能够减少投资风险，还能获得更高收益。

组建怎样的基金组合，取决于我们有怎样的投资目的。如果我们的目的是保住本金，那么建立组合时就要多选择低风险基金，比如债券型基金；如果希望资金能稳健发展，那么建立组合时就要注意均衡，既要选择低风险基金控制风险，又要选择风险较大但收益高的基金争取收益；如果建立组合的目的是控制风险的同时获取最高收益，那么就要留意基金组合中各类基金的配置，可以更多选择含一定债券量的混合型基金。

基金市场大环境影响基金投资收益，所以我们组建基金组合时也要考虑市场环境。基金市场环境有几个大致形态：行情萎靡不振，基金交易萎缩的熊市；买入者多于卖出者，行情普遍看涨的牛市；基金价格变化幅度较小、较稳定的平衡市。

市场环境不会一成不变，我们的基金组合也不应一成不变。

熊市中，基金成交量明显减少，这时我们应该减少基金组合中股票型基金所占的比例，将资金的90%以上投资债券型基金、货币型基金。债券型基金中的政府债券、企业债券安全性都比股票高，投资这类基金虽不能获得更高收益，但可以保障本金。不建议将所有资金都投资债券、货币型基金。资金中应留出10%购买股票型基金，因为熊市虽低迷，但偶尔会出现反弹，反弹期刚好可以利用股票型基金获取收益。

牛市中基金成交量较大，风险发生的可能性较低，所以我们不需购买太多基金分散风险，基金组合中只要有四只基金就足够了。

第一只是跟随大盘运动的指数型基金，比如深圳100、沪深300。市场指数如果上涨或下跌，这类基金就会随之上涨或下跌，我们每天几乎都可以猜到这一天基金的净值是多少。牛市中，这类基金的涨幅要比很多股票型基金都高。

第二只是可为我们获得长期稳定收益的成长型基金，如银行、保险公司等发行的股票。这类基金市值稳定，适合长期持有。

第三只基金是中小盘基金。中小盘基金是小规模企业发行的股票基金，企业虽小，但股价不低。牛市中这类基金涨势也相当好。

第四只是债券型基金。很多债券型基金收益不低于成长型基金，牛市中有时还会超过股票型基金。

平衡市中，行情波动小，基金涨跌幅度都较小，很多人都持观望态度，这时我们最好少买指数型基金，多买货币型基金和绩优股基金。货币型基金较稳定，适合观望期持有；绩优股基金比其他股票型基金更稳健，可以在其他股票价格下跌的时候保持不变甚至逆势上涨。

无论身处什么样的市场环境、建立什么样的基金组合，我们都应该选择不同类型的基金建立组合。组合中的基金类型过于相像，不但起不到分解风险的作用，还有可能将风险放大。理想的基金组合是既有股票型基金，又有债券型基金，还有货币型基金。

第24招　把握好基金投资的时机

假设有A和B两个投资者，他们的年龄、教育背景、职业、收入都完全相同。投资者A平时喜欢研究基金，他发现基金有上涨趋势后决定投资基金。购买基金前，他做了全方位的考察，并向投资专家咨询了意见，最终决定购买某种走势良好的股票型基金。如他预料的那样，几个月后基金大涨，他获得了不少收益。投资者B看到A的情况后，决定效仿。他拿出相同数额的资金，购买了相同的基金，没想到不久遭遇"黑色星期二"，所有资金被套牢。

为什么这两名投资者选择了同样的基金，结果却截然不同呢？原因是他们选择的入市时间不同。投资基金与投资股票原理相像，都是价格低时买入、价格高时卖出，赚取差价。因为通过差价获利，所以入市时机的选择至关重要。很多人投资基金却无法获利，原因也是无法把握好基金入市的时机，错过了购买基金的最佳时间。

股市向大牛市过渡时，买入股票型基金无疑就是抓住了入市的好时机。这个时期的股票型基金，无论在涨还是在跌，将来都会赚钱。可多数时候，股市并不是欣欣向荣的牛市，而是处在动荡不安的状况中。这时要想买入基金，就必须擦亮眼睛、见机行事。我们总说，购买基金要"买跌不买涨"。如果哪一天股市忽然下跌，或者某一段时间内股市连续下跌，跌幅较大，那么这时就是购入股票型基金的好时机。

大多数人对基金没有太多研究，无法把握好基金入市时机，以致购买基金后不久行情便开始下跌。在这种情况下，很多人会选择赎回基金，等行情上涨时再买入。基金买卖要缴纳高额手续费，这样来回反复无疑会增加投资成本。所以，赎回基金不如转换基金。

现在很多银行都提供了转换基金的业务，只要是同一家基金公司旗下的基金，我们就可以在不同基金间进行转换。在市场动荡、行情难测的情况下，将风险较高的股票型基金转换成风险较低的债券型基金或货币市场基金是较常见的做法。债券型基金和货币市场基金收益虽少，但风险小，可保障资金安全。我们可以等市场行情稳定、出现转好迹象后，再将手中的低风险、低收益基金转换成股票型基金或配置型基金，获取更高收益。最初选择基金时，为了方便市场波动期进行基金转换，我们最好对各基金公司旗下的产品做一番考察，看其是否完备齐全。

如果选定了入市时间，要购买股票型基金，具体操作最好选择在下午将收盘的时候，而不是上午开盘的时候，因为目前股市一天内的波动较大，开盘时经常出现大跌的情况，收盘前的十几分钟却有迅速拉升的可能，早上购买或许会变成错误操作。

对于非专业投资者来说，基金市场变幻莫测，买入时机实在难以把握，如果拿捏不准什么时间该买入，不如就选择定期定额投资。定期定额基金投资与银行"零存整取"存款方式类似，无论股市涨跌，到了约定时间都要定期定额购买。股市上涨时，定期定额投资的收益比一般市场收益略差，但收益总是有的；股市下跌时，定期定额投资收益会慢慢高过一般市场收益。选择定期定额投资，我们不仅省去了选择入市时机的麻烦，而且不需天天关注基金涨跌信息，更稳妥也更轻松。

第25招　把闲置资金用于基金定投

刚参加工作的年轻人月收入不高，甚至可能出现每月结余只有寥寥几百元的情况。部分人或许会想，几百元不够买房买车，还不如痛痛快快地花掉。这么想就错了！几百元虽少，如果选对投资方式，本金加上利息，日积月累，也是一笔不小的财富。基金定投就是一种可按月投入小额资金的投资方式，非常适合月收入不高、月结余不多的年轻人。

基金定投是定期定额投资基金的简称，指在固定的时间投入一笔固定的金额到指定基金中，操作方式与银行的"零存整取"很相像。有人称基金定投是"懒人理财"，因为它的操作方式非常简单。我们如果对基金不够了解，或者没有足够的时间打理资金，可以与银行签订定投协议，由银行代为操作。

签订定投协议的方式有几种：

第一种是直接到银行柜台办理。签订定投协议，必须在选定的开户行有自己的银行账户和基金账户。银行账户用于定期划取资金。如果没有银行账户，我们可以在开户的同时办理基金申购业务。如果只有银行账户而没有基金账户，可以持银行卡和有效证件到银行网点申请，开立基金账户的同时开办定期定额业务。如果已有基金账户，我们只需要带好身份证等有效证件和银行卡去银行网点签订扣款协议，约定每月扣款时间和扣款金额就可以了。到了协议约定的日期，银行会自动从账户中划走约定金额。

第二种方式是通过网上银行办理。使用网银申购基金，手续更简单。我们只需选好自己要购买的基金，填好每月申购的金额，手续就结束了。通过网上银行签订协议的优势是可以随时更改每月申购金额。如果当月闲置资金较多，可以增加申购额；如果闲置资金较少，还可以减少申购额。如果连续两个月我们的账户余额不足，基金定投业务会自动停止。

第三种方式是登录基金公司主页办理。这种办理方式操作也非常简单，开通基金公司指定的网银后直接进入基金公司主页，按提示操作就可以了。建议大家多使用这种方式签订申购协议，因为它不仅过程简单，还能省掉一笔手续费。

我们如果时间较充裕、有一定的基金投资经验，可以不用与银行签订协议，自主手动定投。手动定投指我们可以自己选择投资金额和投资时间，自由选择进入市场和赎回基金的时机，操作更灵活。但手动定投要求我们有较强的意志力、较高的把握市场的能力；定期操作、了解市场也会耗费我们不少的精力，所以适合的人群或许较少。

基金定投门槛较低。设定金额时，我们应尽可能让自己轻松、无负担，这样投资才可能持久。有人投资较盲目，将基金定投金额设置得较高，结果财力不支，不得不将定期存款取出来投资基金定投，这样就太不划算了。

第26招　省钱不当，反而会花得更多

在生活中，我们如果过分追求省钱，往往会事与愿违，花掉更多钱。在生活必需品上，只看眼前的花费是不对的，而要立足长远才行。有时候，一次省钱行为可能引发一系列后续花费，实在是不划算。下面，我们一起来审视那些自认为是省钱妙招，实则是花钱陷阱的行为，并从中吸取教训。

事例一：你家里的水龙头坏了，要换新的，全铜材质的50元一个，质量好还耐用；不锈钢的30元一个，质量也不错。可是你为了省钱，选了个十几元的塑料水龙头。结果没用几个月就坏了，请师傅上门来修，师傅说塑料的不结实，要是全铜的能用好多年。于是，你花50元买了个全铜水龙头，还付了50元的上门维修费。假如你一开始就选全铜的，就能省下来几十元钱，还能省下时间和精力。

事例二：你逛街看中一件品牌大衣，价格1000多元，你觉得太贵，没买。为了省钱，你在网上找了个款式差不多的"平替"，只花了300多元。

你下单时觉得挺好，结果穿起来不是看着不顺眼就是嫌弃衣料不舒服，总之很别扭，不爱穿。正是穿大衣的季节，这件"平替"你不爱穿，就得再买，但你还是不舍得买那件1000多元的，于是又买了件500多元的，两件加一起已经八九百了。你心里想着那件"完美"大衣，这两件"平替"不管怎么穿都觉得差点什么。最后，你还是咬咬牙，买下了那件1000多元的品牌大衣。贵是贵了点，但是你穿着舒心，总算放下了一件事。假如你一开始就买这件"完美"大衣，就不至于浪费后面的八九百元。其实，"爱美之心，人皆有之"，假如看中一件衣服，只要价格不是太吓人，最终你很难放过不买。对于特别钟意的东西，与其找"平替"，求个半吊子满足，不如勇敢一些。买得省不如买得准，这样才是真正的省钱。

事例三：你想买几个衣挂，觉得10元一个的实木衣挂太贵，就买了1元一个的塑料衣挂。结果它挂稍微重一点的衣服就变形，而且用一段时间后，塑料老化，铁丝裸露。如果注意不到，晾衣服时会染上铁锈，弄不好衣服就废了。废一件新衣服，足够换十几个甚至几十个高质量的衣挂了。

事例四：微波炉坏了，你想省点修理费，自己动手修。结果水平不行，零件没装好，微波炉报废，只好买新的。幸好没发生危险，不然损失更大。

事例五：为了省300元搬运费，你没找搬家公司，而是找了几个朋友来帮忙。结果大家累得够呛，你心里过意不去，请朋友吃了顿饭，花了五六百元。

事例六：为了省20元停车费，你把车随意停在路边。结果回来发现贴了罚单，罚款200元，是停车费的10倍。

诸如此类的"省钱行为",却在未来引发更大的开销。生活中重要的物品、事情,我们还是要看得远一些,不要因小失大。买东西,要选择质量好、耐用的;做事情,要把专业的事交给专业的人去做。当时看似多花了钱,但从长远看,不仅省钱,还避免了麻烦。

第27招　尽量节省基金买卖手续费

我们投资基金,从购买到赎回的整个过程中要接受银行、基金管理公司等提供的不同服务。这些服务都不是免费的,所以,在投资金额以外,还要拿出一笔款项支付这些费用。

基金费用分两类,一类是基金管理人向投资人收取的,另一类是基金管理人和托管人向基金资产收取的。前一类费用分两部分,一部分是我们购买基金时的申购(认购)费用,另一部分是我们赎回基金时缴纳的赎回费用。后一类费用较繁杂,包括管理费、托管费、基金信息披露费、市场营销费、服务费及最终清算费用等不同种类。

购买基金时,如果基金在首次募集期,那么购买行为就是认购行为;如果基金首次募集期已结束,基金已正式成立,那么购买行为就是申购行为。认购费通常比申购费低,计算方式是认购金额乘以认购费率。认购费率约为认购金额的1%;如果认购金额较大,费率可减让。申购费的计算方式也是申购金额乘以费率，不过申购费率较高，通常为 1.5% 到 2%，最高不应超过 5%；如果购买金额较大，费率也可减让。

如果基金期限已到或不愿再投资基金，我们要请基金管理人帮助卖出基金，并向其缴纳一定的赎回费用。赎回费用的计算方式是总赎回额乘以赎回费率，赎回费率约为总赎回金额的 0.5%，最高不应超过 3%。我们持有基金的时间有长短，费率标准也有高有低。通常，持有时间越长，赎回费率越低。如果持有时间够长，赎回费用甚至可能全免。

计算申购（认购）费用和赎回费用时，应当注意申购（认购）费用中的申购（认购）金额指的是净申购（认购）金额，即扣除一切杂费后，专用于投资基金的资产数额；赎回费用中的总赎回额指的则是赎回的基金总额。

多数时候，我们并不会亲自参与基金的管理与操作。购买基金后，有专门的基金管理人打理资金，我们向他们支付管理费即可。基金管理人不会另外收取管理费，而是会直接从基金资产中扣除。管理费按年提取，提取数额是前一日基金资产净值的 1.5%。被动型指数基金的管理费较低，通常比主动型基金要低 0.5% 到 1%。

基金资产有专门的托管人保管，我们也要向他们支付托管费。托管费也按年提取，数额通常为前一日基金资产净值的 0.2%。服务费包括各项杂费，如召开年会的费用、支付会计师的费用、印刷宣传品的费用及律师费等。基金投资行为结束后，我们要对基金资产做一次最终清算。资产清算要参与基金投资的人配合完成，我们也要为此支付清算费用。

基金费用这么繁杂，很多人或许因为懒于计算，或许因为认为费用不过是一笔小支出，所以购买基金时并没有弄明白自己是不是该缴这些费用，也没有弄清楚各项费用的计算标准，等到支付费用时发现该缴的费用居然是自己预料中的十几倍，这样就造成了不必要的财产损失。

不同基金公司收取的费用不同。选择基金公司时，一定要仔细询问费用问题，弄清楚之后再决定是否将资产交给他们打理。选择不同的基金种类、不同的投资方式，要支付的费用也是不同的。现在，基金市场上的货币基金一般是不收取申购（认购）费用和赎回费用的，债券型基金的申购（认购）费用及赎回费用较高，股票型基金的申购（认购）费用和赎回费用最高。很多人之所以不愿选择短期投资，原因也是基金交易支付的费用太高。如果自己本金不多、费用又过高的话，那么投资就有些得不偿失了。

我们如果想调整手中的基金种类，通常需要先赎回一只基金，再申购另一只基金。这样一来，又要花掉一定数额的申购费用和赎回费用。一种节省资金又节省时间的方法是可以在同一家基金公司之内转换基金。很多基金公司都提供基金转换业务，同公司基金转换可享受费率优惠，有些公司甚至免收转换费。即使没有费率优惠，转换费用也低于赎回再购买的费用。

有些基金公司为鼓励投资者继续投资，对红利再投的部分会不再收取申购费。所以，我们可以将本金产生的利息也用于投资基金，这样不仅能节省申购费，还能因复利效应而赚取更多利息。

我们投资基金前对基金公司和各类费用或许没有太多了解，不过基金招募说明书和基金契约中通常会做详细说明。选择基金种类前，最好仔细阅读招募说明书；与基金公司签订契约前，要弄清楚契约中的各项费用。

第28招　基金投资不要盲目跟风

基金投资有很多优点，比如：有专家帮我们理财，不必劳心费力；同一只基金有很多投资者同时投资，风险可分散等。有些人看到基金投资这些优点，也拿出自己的闲置资金投资基金，希望能借钱生钱。然而，他们不懂得选择基金的技巧，总是盲目跟风，哪只基金投资的人多就跟哪一只，哪只基金排名高就投资哪一只。跟风投资看似稳妥，但是基金投资人数多、基金排名高，不代表这只基金可以长期、稳定地获利。我们投资基金时，最好能够全方位考虑，做出自己的判断，不要盲目跟风。

基金行业竞争激烈，每只基金每周都要公布资产净值。基金评价机构会以此为依据，计算出每只基金的净值增长率，并对各只基金进行等级排名。等级排名和市场氛围让各只基金的基金管理人承受着很大的压力。他们有的为了提升自己管辖基金的等级和名次，使自己管理的基金有更多的投资者，会采取一些暂时性的、短期的投资策略。这些短期投资策略能让他们的基金在短期业绩考核中取得较好的名次,然而这种投资方式与基金投资应遵循的长期投资理念是相悖的,投资取得的成绩也只是暂时性的。有些投资者不了解内情,不懂基金选择,看到排名榜中的等级排名就贸然做出投资决定,将大笔资金投资了排名较高、投资人数较多的基金。如果他们刚好遭遇市场反转期,那么盲目跟风的后果很快就会显现:这只基金抗压能力较差,承受风险的能力较低,很快就走到了穷途末路。

投资基金不见得要成为基金投资专家。我们研究基金选择技巧,目的也只是在实际的基金投资操作中少走弯路,减少损失,快速获利。然而,研究基金投资技巧耗费时间、耗费脑力,对于工作繁忙、用脑过度的上班族来说,不能算是一种轻松愉快的事。不懂基金选择技巧不代表就要盲目跟风,如果我们按照以下这些方式操作,一样可以减少风险,轻松获益。

第一,分散投资,不要把所有的资金都投资同一只基金。很多不了解基金投资技巧的人都选择这种方法投资基金。基金市场中的基金种类这么多,并不是所有的基金都同时上涨、同时下跌。更多情况是这一只基金上涨的时候,另一只基金在下跌;这一只基金下跌的时候,那一只基金在上涨。我们要把资金分散开,投资不同的基金,一旦这只基金下跌,还有其他的基金上涨。涨幅能够抵消掉一部分跌幅,就算某只基金价格下跌,我们也不必太过紧张。

第二,选定基金后,长期持有。有人曾对投资市场做过一项长期调查,发现投资时间越长,损失发生的概率越小。以股市为例:持股1天,股票下跌的概率是45%;持股1个月,股票下跌的概率是40%;持股1年,股票下跌的概率是 34%；持股 5 年，股票下跌的概率降到 1%；持股 10 年以上的股票，只涨不跌。投资市场的整体趋势是走高的，所以投资时间越长，资金损失的可能性越低。我们最初购买基金时经验不足，或许会错选发展前景不那么令人看好的基金，其实不用过度担心，只要坚持长期持有，获得收益的概率是越来越大的。

基金投资中需要注意的事项有很多，不要盲目跟风只是其中之一。除此之外，我们还应注意：不要不设目标地投资；购买基金后要定期监测，留意基金涨跌情况，不要不闻不问。

第29招 防范基金投资风险

曾有媒体对基金投资者做过调查，发现其中66%的人认为基金投资几乎没有风险，只要购买了基金，就能获得高收益。基金投资有专人帮投资者打理财产，每一笔基金都有为数众多的人在投资，所以风险较小。可这并不意味着基金投资没有风险。"基金有风险，投资需谨慎"——我们如果想涉足基金投资领域，让专业理财师提建议，得到的第一句忠告或许就是它。

常见的基金投资风险有四种：

第一种是市场风险。这是基金风险中最主要的一项。基金市场波动必然会影响基金价格，而基金价格一旦生变，我们就有了亏损的可能。

第二种是利率风险。债券型基金的主要收益来自利率，因而利率风险对债券型基金的影响较大。如果利率出现大幅变动，那么债券型基金的收益也要随之变动。

第三种是管理风险。基金交给基金公司打理，所以基金公司的管理能力对基金收益有直接影响。基金公司管理不善或者基金经理选股不当，都会给我们的资金造成损失。

第四种是流动性风险。这类风险出现的概率虽然小，但也有出现的可能。如果我们投资的基金无法赎回或延迟赎回，那么在基金无法赎回的这段时间内，一旦基金价格下跌，风险就只能由我们自己承担了。

此外，还有一些风险是我们无法预料也难以防范的，比如：投资回报抵不过物价上涨，那么我们就面临着通货膨胀风险；战争、自然灾害等不可抗拒的事件发生，我们也面临着风险。

基金投资的潜在风险这么多，我们该怎样防范呢？

生活中，我们如果不能确定一件事可行不可行，或许会采取投石问路的方法：先试探，再实地实施。基金投资也可以采用这种方法。我们如果对该不该购买基金、该购买哪类基金没有把握，可以先投入少量资金做试探，根据试探结果决定是否该大量购买，这样可以减少基金投资中的失误和错判，降低选错基金、资金被套牢的风险。

试探性投资并不是拿出一笔资金随意购买一只基金就可以。因为试探性投资决定着我们正式投资时的方向，所以投资前要多方面考虑，做好功课。

如果承受风险的能力较强，那么选择基金时可以选择股票型；如果承受风险的能力较弱，那么最好选择混合型或债券型基金。尽量不要选择同一家公司或者同一个种类的基金，我们可以在两三家公司中挑选四五只基金，这样既能够分散风险，又可对基金投资做更全面、更多方位的考察。

试探投资时，虽然可以多挑选几只基金，但挑选的基金不宜过多，因为基金本身就是一种分散投资，风险已经很低，分散持有基金对降低风险的作用已不再明显。选好基金后，要对所选基金持续关注、持续追踪。选择的基金种类越多，意味着我们要关注的信息越多，这样极容易导致我们对每只基金都不够了解。最好的选择办法是先挑选优秀的基金公司，然后考察这些公司中各只基金过去 3 到 12 个月的表现，最后选出表现比市场指数好的几只基金。选择的基金最好不要超过 5 只。

选择基金并不是试探性投资的终点。购买基金后，要持续关注这些基金的涨跌情况，与市场指数做比较，以提高自己对基金市场的分析能力，同时更加确定自己正式投资基金时是否应选择试投资这些种类。

我们一旦购买了基金，就不要随意变更，无论市场走势是涨还是跌，都坚持持有到期，获取最终收益；同时，也要及时关注基金业绩水平的变化，常登录基金公司网站，常与其他基金投资人交流，通过各个渠道搜集相关信息，以便及时了解基金的运作情况，下一步决策时做出对自己更有利的选择。

第30招　购买保险保障生活

生活中总会发生一些无法预料的事，比如家庭成员生病、去世，遭遇洪水、火灾等意外事故。有些事故一旦发生，极有可能带给我们沉重的经济负担，甚至会达到我们难以承受的严重地步。大部分人的承受能力有限，应对危机的能力也有限，所以与其在重大事件到来时束手无策，不知该如何渡过难关，不如防患于未然，在事件尚未发生时拿出一部分资金购买保险，为自己的生活提供更多保障。

保险是应对风险最古老的方式之一。投资保险可以确保重大事件到来时，我们能收回一部分经济损失。现在市场上有很多保险产品，这些产品针对个人及家庭可能遇到的事故进行保障，以保证事故发生后我们经济生活的稳定。

购买保险是一种保障行为，同时也是一种理财行为。多数保险都有储蓄功能，可以帮我们合理规划收支。我们可以借由保险将现在的一部分收入储蓄起来，等年老后拿出来使用，平衡年轻与年老时的生活水平。

投资保险的方式是这样的：我们与保险公司签订合约，约定如果某种事故的发生给我们造成了财产损失，保险公司要为此承担责任，赔偿一定数量的保险金；但无论事故是否有发生的可能，我们都要向保险公司支付一笔小额保险费作为保险基金。

一份完善的保险合同中应当有四个主体：投保人、保险人、被保险人和受益人。保险人指的就是负责承担损失、支付保险金的保险公司。投保人指的是与保险公司签订合同，根据合约规定支付保险费的人。保险合同的保障对象通常是财产或人身，财产与人身的所有者就是被保险人。被保险人被保期间有死亡可能，在被保险人死亡后有权领取保险金的人就是受益人。受益人由被保险人或投保人指定，如果合约中没有指定受益人，那么投保人或被保险人的法定继承人将成为受益人。

或许有人会想，保险担保的都是一些重大事件，如果自己一生都不遭遇重大事故，那保险费不就白缴了吗？事实上，保险种类很多，担保重大事故只是其中为数不多的几种。有些保险保障的是我们的身体和寿命，有些保险保障的是我们的财产安全，还有一些保险保障的是我们的生育及养老。

具体来说，保险可分保障型保险、储蓄型保险和投资型保险三类。保障型保险有医疗保险、疾病保险、收入保险、机动车辆保险、家庭财产保险及人身意外伤害保险等不同类别；储蓄型保险包括养老社会保险、终身寿险、分红保险及生死两全保险等类别；投资型保险指的则是将保险与投资结合起来的一种新型保险产品，即投资联结保险。

保险种类很多，覆盖生活的方方面面，但这并不意味着我们为了让生活有更高保障，就要购买所有的保险产品。保险产品应当根据自己的收入及现实状况谨慎购买。建议人身意外伤害保险、社会保险及医疗保险应当人人购买；家中有车的话，一定要购买汽车保险；35岁以下的年轻人最好购买定期寿险，35岁以上的中年人最好购买保险年金。

被保险人选择保险机构时，应尽量选择较大的保险公司；选择保险代理人时，应尽可能选择从业时间较长、口碑较好的代理人。

第31招 投资保险先要改变对保险的认识

我们投资一种理财产品,必然要考虑这种投资划算不划算。投资保险前,很多人也会做类似的考虑。有些人之所以不愿购买保险,正是因为觉得自己出现意外、获得保险理赔的可能性很小,购买保障型保险不划算;教育、养老等储蓄型保险与储蓄区别不大,不如把钱放在银行更有保障。有人甚至这样想:购买保险不如自己年轻时多赚钱、多存钱,这才是年老后的"保险"。

这些人之所以有这样的想法,是因为对保险的认识还不够全面。保险最重要的功能是保障。购买保险后,我们的人身、财产、养老、子女教育等无形中就多了一重保障。如果经济条件不够好,保险可以保障我们在事故发生时不致突然中断经济来源;如果不需担心经济问题,保险则可保障我们现有财产的安全。举个例子:一位被保险人生了一场重病,住院花掉了5万元,若没有购买保险,5万元要全部由自己支付;而假若购买了保险,或许只需支付一部分费用,剩下的部分由保险公司赔付被保险人。

有人或许会问，这么说来，是不是投保的金额越高，保险公司的赔偿金额就越多呢？如果投保的是死亡险或意外残疾险，保额越高，事故发生时我们确实获得赔付越多；但如果投保的是医疗险或家财险等消费型保险，大保额的投资并不会换来高额赔偿金，我们办理理赔手续时，保险公司只会按实际损失程度确定赔偿金额，所以投保这类保险时要全面分析，确定合理的投保金额，以免浪费保费。

还有人会问，我如果同时购买多家保险公司的同一类保险，那么发生事故后是不是就能拿到多笔保险赔偿呢？如果手中的保单是死亡险或意外残疾险，那么理赔时这些保单不会发生冲突，能够得到多笔赔偿款；如果保单是医疗险、家财险等补偿型保险，那就不会获得这么多赔偿款了。

举个例子：假设一位被保险人生病住院花掉了8000元，而他手中握有三份住院医疗费用保险，三份保险额度都在10000元左右，办理理赔手续时，三家保险公司都会要求他出示医疗费用凭证原件。也就是说，如果他把原件拿给了其中一家保险公司，那么另外两家保险公司的理赔手续就无法办理。原件只有一份，他就只能拿到一家保险公司的赔偿。保险公司办理理赔手续时，会在保险额度内按被保险人实际支出的医疗费用给付保险金，这意味着无论投保多少份医疗费用保险，最终能拿到的保险金总额都不会超过实际支出的医疗费用。

很多人不愿投保消费型保险，原因就在此：这类保险只有保障功能，无法使财产增值。有些人将购买保险当作投资，关注的只是一份保险在多少年内会返款多少元。他们有这类想法是源于对保险的错误认识。的确有很多保险兼有储蓄、投资功能，但保险最重要的功用是保障，而不是储蓄、投资。我们选择保险产品时，首先要考虑的还是这份保险有哪些保障功能。事实上，一般的消费型保险保费都不高，保障功能却很强。如果我们因事故发生的概率过小而不投保的话，那么事故一旦发生，损失就无法弥补了。

至于通过购买保险来储蓄、投资，这种做法虽然无可非议，但我们应该知道保险与储蓄、投资还是有很大不同的。投资的根本目的是获益，保险的根本作用却是保障。储蓄和保险虽然都是人们应对生活中可能出现风险的手段，但两者却有着本质的区别。

储蓄是依靠个人力量日积月累地积攒财富，事故发生时也依靠个人力量应对风险；应对时或许会出现存款不足、个人力量难以承担的情况，归根结底，这是一种个人承担风险的自救行为。保险却不同，我们只需缴纳一定保费就能获得预期保障，事故发生后可以拿到一笔保险金。可以说，保险是一种特殊的社会互助，个人损失被分散给了集体，所以经济损失能减至最低。

有储蓄功能的保险与储蓄还有一点是不同的：储蓄灵活性很高，可自由存取；保险是一旦购买就必须按期缴纳保费，我们如果中途退保，必然要承担一定的经济损失。保险有强制性，我们可以利用保险的强制性为自己存养老金。为了满足我们通过保险储蓄、投资的想法，保险公司推出了很多合适的保险产品，如养老保险、分红型保险等。有些人如果认为购买只有保障功能的消费型保险不够划算的话，购买这些保险也是不错的选择。

第32招 根据自己的实际情况购买保险

保险公司开设的保险种类繁多,我们不可能投保所有险种。一是因为不是所有险种都是需要的,二是因为我们经济能力有限,投保过多险种会给自己造成极大的经济负担,所以选择险种时,要尽可能选择自己经济能承受的、保障功能适合自己及家人的。

保障功能是保险不同于其他理财产品的功能之一。我们之所以拿出一部分资金投资保险,而不是将它们投资股票或基金,原因之一也是希望自己的生活能有更多保障,所以选择保险种类时,首先应当考虑保险的保障功能。

有些人或许担心,保险公司毕竟不是国家机关,没有政府信誉做后盾,保障功能得不到落实,怎么办?保险公司将众多投保人的保费集中起来,建立保险基金,保单中约定的事故发生后,保险公司会支付被保险人一部分资金作为补偿,以使被保险人的经济损失降至最低。保单一旦签订便具有了法律效力,被保险人的利益受法律保护,所以基本不需担心保单的保障功能得不到落实的问题。

考虑保险的保障功能时,关注的应该是这份保险的保障范围是否符合自身或家人的需求。比如:我们如果没有医疗保障,可以购买一份"重大疾病保险",一旦因重大疾病而住院,那么保险公司就会赔付我们一部分医疗费用;我们如果需要经常出差工作,每次乘车前购买"乘客人身意外保险"就不如购买一份专门的"人身意外保险",这样既可以节省保费,又能保障一定时间内的人身意外。

购买保险的目的是预防重大事故,避免自己无法承受的重大损失,所以如果突发事故造成的损失在承受范围之内,就没有购买保险的必要了。比如我们的宠物生病的治疗费用或宠物死亡造成的损失可以承受,那么购买一份宠物责任保险就不那么划算了。

人在不同阶段的收入水平是不同的,而保险往往需长期缴纳保费,所以我们选择保险种类时,也应将保险金额列入考虑范围。20多岁的年轻人收入不稳定,如果购买了保费金额较大的保险,那么一旦收入降低、经济条件变差,就无法支付保单中的高额保费;退保会造成经济损失,不退保又实在难以维持。50多岁的老年人收入相对稳定,但受身体等因素影响,某一时期或许会出现支出剧增的情况,如果投保的保险保费较高,可能会有交不起保费的情况出现。确定保险金额前,我们一定要做好长期规划,对自己的年龄、收入等情况做出全面客观的分析后,再购买自己力所能及的保险。

多数保险都需长期缴纳保费,每年要交一定的数额,那么为自己或家人购买的保险的保费控制在多少合适呢?通常来说,每年的保费开支应当控制在家庭年收入的 10% 以内。如果保险没有投资储蓄的功能,只有保障功能,那么保费支出占家庭年收入的 6% 较适宜,这样的比例既能使我们得到应有的保障,又不会给我们带来过于沉重的经济负担。

有些保险除保障功能外,还有储蓄、投资功能。如果购买的保险保障功能已足够,我们可以考虑购买有储蓄、投资功能的保险,在保障的同时获取更高收益。比如,在购买疾病险、意外险等纯保障型的险种后再购买寿险,利用寿险的存储功能存储一笔急用的资金。

购买多种保险、建立保险组合,也是一种不错的投保方法。如果想购买多种保险,建议尽可能综合投保。不同保单的保障范围虽然不同,但难免有交叉。保障范围出现交叉,意味着我们要为同一种保障功能支付两笔保险金,这无疑是不必要的浪费。综合投保可以避免交叉,有些保险公司的综合投保还有很大的费率优惠。

第33招　选择合适的保险公司

我们购买保险，保障的是未来十几年甚至几十年的生活安定，所以挑选合适的保险公司至关重要。目前市场上的保险公司既有国有保险公司，又有股份制保险公司，还有外资保险公司。多种保险公司给了我们更多的选择余地，但同时也让我们感到困惑：该怎样选择适合自己的保险公司呢？

一般来说，国有保险公司因为有国家信用做保障，所以投保风险要低于股份制保险公司和外资保险公司。股份制保险公司中，股东经济实力越强、注册资本金越雄厚的保险公司越稳定，投保风险越低。不过要注意，有些保险公司之所以资金雄厚，是因为成立较早，发展了十几年、几十年；有些规模较小的保险公司，因为刚成立，所以资金实力比不上老牌保险公司，这不代表这些保险公司就是不可靠的。总之，选择时应该全面考量、综合考虑。

选择保险公司前，我们必须考虑各家公司的偿还债务能力，以免出现投保资金无法安全返还的状况。在保险行业，保险公司偿还债务的能力被称为偿付能力。有一个简单的计算方法，可以让我们轻松了解各家保险公司的偿付能力。我们用这家公司的实际资产减去公司实际负债额，会得出一个差额数字。2003年3月颁布的《保险公司偿付能力额度及监管指标管理规定》中明确规定了保险公司的偿付能力额度，我们计算出来的差额数字应该不低于规定数额。每年4月30日以前，各家保险公司都会向社会公布上一年度的偿付能力额度，我们也可以根据保险公司公布的数字判断这家公司的偿付能力。毋庸置疑，偿付能力越强的公司越值得信赖。

偿付能力体现的是公司的经营状况。公司经营状况越好，我们的投保风险越低，所以在选择保险公司前应尽可能多地搜集公司财务信息，了解公司经营状况。普通投保人获得保险公司有效完整的财务信息不那么容易，我们可以向专业人士咨询，借由专业人士的帮助获得信息。如果这家公司已经上市，我们可以查看公司财务报表，通过报表了解公司财务状况。无论是上市公司还是非上市公司，都会对外公布年度报告，发布重大事项公告，公告中也会透露一些经营信息。有些权威保险机构会定期对各家保险公司做出评定，评定等级越高说明公司经营状况越好。此外，我们还可以通过查看保险新闻或登录保险管理监督委员会的网站，了解哪些保险公司有过违规现象、哪些公司经营状况出过问题，以避免因不知情而错选投保风险较高的保险公司。

和其他行业一样，在保险行业也可以通过公司能否上市、是否上市判断这家公司实力是否雄厚。通常来说，能够整体上市的公司都是实力较强的公司，因为整体上市是以公司全部资产为基础的。如果一家公司能够整体上市，说明这家公司整体资产优良、整体结构良好。现在，我国具备上市条件的公司已不在少数，有些公司甚至已经上市。

　　不同的保险公司有不同的经营范围，也有不同的营销策略。很多人为求方便，习惯在同一家保险公司购买保险。选择保险公司时，我们最好选择产品齐备、能满足不同类型投保需求的公司。一家产品齐全的保险公司能提供健康险、意外险、寿险三类产品，每类产品都有消费型、投资型两种类型。我们可以根据自己的需求自由选择主险和附加险，自由组合各种产品类型。不过，并不是只有产品齐全的保险公司才是好的保险公司，有些保险公司只做一种或几种保险产品，有自己的专门经营领域，产品种类虽不多，但产品设计更专业，这类保险公司也是值得信赖的，比如专门的健康险、养老险公司。

■ 第34招　谨慎选择保险代理人

我们或许会遇到这样的情况：几年前购买了一份保险，每到该交保费的时间，保险代理人都会打电话提醒，可是有一年交保费的时间到了，却迟迟没有人跟我们联系。我们打电话给保险代理人，但语音提示号码已停机或者变成了空号。我们再打电话给保险公司，得到的回复却是这位保险代理人已经离开了公司。这份保单变成了"孤儿保单"。

多数人购买保险时，不会想到有一天出现这样的情况。"孤儿保单"指原保险代理人离职后仍然生效的保单。有时候，有些保险代理人在与我们签订保单后，受种种因素影响而离开这家公司，导致自己经手的保单变成了无人负责的"孤儿保单"。"孤儿保单"不会作废，通常会由同一家保险公司的其他保险代理人接手。

新的保险代理人毕竟不是与我们签订合约的那位代理人，对我们的各项情况了解得往往不够全面，发生事故后我们需要办理理赔手续，他们往往也不会主动联系我们，致使我们错失一些理赔机会，损失一些不必要的财产。有些新代理人接手保单后，甚至可能因为没有及时告知我们代理人变更而导致保单失效。如果我们选择保险代理人时不够谨慎，与不负责任的代理人签下了保单，那么保单变成"孤儿保单"，无法理赔乃至保单失效的概率就增加了好几倍。

我们多数人都是普通投保者，对保险了解有限，选择一位值得信赖的保险代理人至关重要。保险代理人参与了我们投保的整个过程，甚至决定了我们险种的选择。一位合格的保险代理人会根据我们的实际情况和需求，为我们设计出最合理的险种搭配。保险代理人的设计能力不同，提供的服务也不同。如果我们不慎选择了业务水平较低、对工作不那么负责的保险代理人，因为代理人的不合格而挑选了不适合自己的险种，那么合同一旦签下就很难更改，即使后悔也无法收回了。

有些人为防止选错保险代理人造成财产损失，常选择朋友或熟人介绍的保险代理人，或者干脆只与自己相熟的代理人签约。这种做法虽然能保证代理人的可靠度，但可靠度与业务素养不一定成正比。保险种类繁多，我们如果想投保的险种没有熟悉的保险代理人代理，那么就应重新选择合适的保险代理人。

挑选保险代理人，可以从三个方面进行考察：

第一，保险代理人的个人品质。在国外，保险代理人被称为家庭的"财务医生"，也是我们与保险公司之间的中介人。保险代理人的个人品质与我们的经济利益直接相关。有些保险代理人为提高自己的业绩，不惜欺骗、误导客户，致使客户出险理赔时遇到极大的困难，甚至产生理赔纠纷。还有些保险代理人为多赚钱，不顾客户需求，一味让客户购买最贵的产品。这样的保险代理人不可能保障我们的经济利益，推荐的保单也不可能是最适合我们的保单。

第二，保险代理人的专业程度。保险代理是一个专业性很强的职业，合格的保险代理人首先应当具备的素质就是专业，能精确理解保险条款和相关法律法规，根据客户需求量身定制保险方案，引导客户了解保险条款和自己的相应权益，并在理赔时为客户提供专业意见。现在的保险种类多样、条款繁杂，专业水平不足的保险代理人根本无法为我们提供优质的服务。

第三，保险代理人的从业态度。我们之所以会遭遇"孤儿保单"，就是因为遇到了对工作不够负责的代理人。投资保险的目的是获得保障，而保险代理人是直接与我们签订保障合约的人。如果保险代理人抱着"捞一票就走"的心态，做完几个保单后就离开保险公司，那么最直接的受害者就是我们本人了。所以选择保险代理人时，我们最好选择热爱保险、以保险为自己终身事业的代理人。这样的代理人不但能够认真听取我们的需求，为我们推荐最合适的保单，而且能提供长期优质的后续服务。

第35招　买保险应先大人后小孩

有些年轻父母收入并不高，自己都没有购买保险，却给孩子办了健康险、教育险甚至防癌险、意外险和寿险等一系列保险。在父母看来，孩子是家庭的希望，所以宁可委屈自己也不愿委屈孩子。父母给孩子办理保险固然没有错，但只给孩子办保险、先给孩子办保险，就走入了保险投资的误区。

在任何一个家庭中，经济支柱都是父母而不是孩子。如果父母因意外、生病等失去了工作能力，没有了收入来源，那么不仅孩子的保费将无人缴纳，就连整个家庭的正常经济生活都将陷入困境。对于经济条件一般的家庭来说，购买保险应当尽可能用最少的钱买到最大的保障。为孩子购买保险不可能保障父母的平安健康，而父母却是孩子最大的"保险"——只有父母平安健康，孩子的一切才有保障。所以购买保险时，最好先考虑大人，再考虑孩子。

我们大人承担的家庭责任较重，所以选择保险金额时应当选择较高的金额，以获得更多的保障。选择保险种类时，我们也应该优先选择保障较高的寿险或健康险。大人购买的保险应当种类完备齐全，这样保障才可能全面，建议购买三类：大病医疗保险、养老保险和寿险。

寻常小病不会给我们造成过多的经济损失，真正影响我们经济生活的是重大疾病。有些人或许认为社保中已经含有医疗保险，根本没必要再办理一份大病医疗保险。社保中的医疗保险只能为我们提供最基本的医疗保障，无法保障重大疾病发生后我们的经济生活。虽然重大疾病的发生概率很小，但作为家庭经济支柱，我们还是应该为重大疾病单独购买一份保险。

生活中总有意外亡故的事件发生。如果事件发生在我们身上，那么家庭经济支柱一倒塌，整个家庭的经济生活都会陷入混乱。我们要预防这种情况发生，所以要在事件发生前购买寿险。寿险保障的不只是我们个人，还能保障我们的孩子。孩子没有完全独立，还在接受教育，如果我们意外亡故，那么高额保险费在保障孩子生活的同时，还可以成为孩子的教育经费。

养老保险也是社保中已存在的保险。同医疗保险一样，社保中的养老保险也只能保障我们老年后最基本的生活。我们多数人都不愿意年老后经济收入只能保障自己的温饱，需要大额花费时还要向孩子伸手。我们的养老金不足，对孩子来说也是一种负担，保障自己的晚年生活，无异于保障孩子年轻时候、奋斗时期的安定。在年富力强、有一定经济实力时，我们为自己购买一份养老保险，保证老年后每年能多一笔固定收入，减少子女的负担，是很有必要的。

为孩子购买的保险，重点应该在教育和医疗两方面。医疗保险最好能保障到孩子25岁到30岁。孩子25岁或30岁时，我们就可以把保险本金与利息一起取出来，作为孩子的创业基金。教育保险专款专用，可以在孩子出生后就办理，这样孩子上学时就可以领取出来作为教育费。被保险人年龄越小，需要缴纳的保险金额越少。如果经济条件允许，我们可以从孩子出生时就办理好教育保险、医疗保险等保险。

如果想为孩子购买多份保险，我们也可以加入重大疾病保险、意外险和寿险。购买保险的次序，最前面应当是最重要的医疗保险，其次才是教育险和意外险，寿险应该放在最后面。我们如果资金较充足，将来想送孩子出国留学的话，为孩子购买一份储蓄型保险作为留学预备金也是可以的。

■第36招　组建自己的保险"金三角"

我们如果一生不遭遇任何意外、不患任何重大疾病的话,只通过努力工作赚钱、简单理财,生活也可以安稳、富足。可问题是,没有人能保证自己一生不会遭遇任何意外、不会患任何重大疾病,所以我们需要通过某种方式使自己生病、遭遇意外时的生活得到保障。投资保险就是这样一种保障。

要想让自己的生活获得更全面的保障,建议至少投资三项保险。三项保险就像三角形的三个边,分别保障生活的不同方面。

不同的人经济状况不同、生活状况不同,适合的保险种类也不同。购买保险时,我们应当有针对性,投保应侧重自己生活中最有可能出现的状况。对于普通人来说,最有可能出现在自己身上的事故就是重大疾病和意外伤亡,所以建议组建保险"金三角",选择"寿险＋医疗险＋意外险"的组合。

寿险保障的是我们的生死。在寿险保障期内,无论我们生存或者死亡,保险公司都要按照合约,支付我们一定数量的保险金。寿险分三种:生存保险、死亡保险和两全保险。生存保险以生存为保险金给付条件，这种保险的主要功能是储蓄。死亡保险以死亡为保险金给付条件，无论被保险人因工伤、疾病还是其他原因死亡，保险公司都要支付一定数量的保险金。两全保险的保障功能更强，保险期满后，无论被保险人生存还是死亡，保险公司都要支付保险金。

如今医疗成本越来越高，我们如果因病住院，不仅要缴纳住院费和医药费，还要缴纳护理费、治疗费等各种费用。无论家庭中的哪个人生病住院，高额医疗费都有可能拖垮整个家庭，所以医疗险也应当成为我们投保时不可缺少的一项。医疗险分长期疾病保险、短期医疗保险、短期意外伤害保险等不同类型。保险金偿付方式有三种：保险公司直接向医疗机构支付；被保险人先自行垫付，之后保险公司补偿给被保险人；由保险公司设立的医疗设施直接提供医疗服务。

我们如果遭遇意外伤害，失去了工作能力或需要支付大笔医疗费，意外险可以保障我们一段时间内的经济生活。在交通事故多发的今天，我们如果常乘飞机、火车、轮船等交通工具外出，那么有必要为自己投保一份交通工具综合意外险。我们如果承担的家庭责任较重或者工作性质较特殊，那么购买普通意外险之外，最好再为自己购买一些特殊的意外险，以使自己和家人的生活有更多保障。

虽然建议投资以上三项保险，但事实上，每个人的生活状况、经济状况都与他人不同，适合的保险种类也不同。组建保险"金三角"时，我们应该根据自己或家人的实际状况综合考虑。

家庭责任较重的人选择寿险时，最好选择终身人寿保险；家庭责任较轻的人如果要购买寿险，选择保费较低的定期寿险较适宜。年纪较大、身体状况较差的人应该多购买医疗保险，年富力强、身体状况好的人购买大额医疗保险就不那么必要了。我们如果想为家庭中的每个成员都投资一份保险，在考虑家庭责任、年龄、身体等因素之外，还应该考虑每个人的职业，根据职业特点投保，这样投保资金才能得到最充分的利用。

第37招　既要办社保又要购买商业保险

有些人对保险的认识不全面，会问出类似的问题："我现在已经有了社保，再购买商业保险就没有必要了吧？"这样的疑问出现，是因为他们不了解社保与商业保险的异同点。

社保即社会保障保险，是国家的一种福利，由国家、用人单位和个人三方承担。社保有强制性，所有参加工作的人都必须办理。我们只需交足规定年限的金额，就可享受基本的社会保障。社保不能省，它能保障我们最基本的养老、医疗等。如果物价上涨、工资上涨，社保也会随之上涨。

商业保险不是国家福利，它由保险公司设立，设立目的是为保险公司赢利。我们与保险公司签订合约，根据合约规定，要向保险公司支付保险费；如果合约中约定的事故发生，保险公司要支付我们赔偿金。商业保险有不同种类，不同保险的保障范围不同。商业保险没有强制性，保额不会随物价、工资上涨，我们可根据个人需要、经济能力自愿购买。

我们之所以既要办理社保又要购买商业保险，最重要的原因是社保只能提供我们最基本的保障，如果发生重大事故、遭遇重大疾病，仅有社保赔偿是远远不够的。

我们看一看社保的主要项目。社保分五大类：工伤保险、失业保险、医疗保险、生育保险和养老保险。

社保养老金能保障我们晚年的基本生活，要想让自己晚年有更多保障，我们除了办理社保之外，最好再为自己购买相应的商业保险。

社保保障基础生活，保障水平有限；商业保险保障重大事故，但保障范围较窄。两者各有侧重。我们投保时可以将社保与商业保险结合起来，以社保为基础，用商业保险做补充，通过商业的重大疾病保险弥补社保医疗保险的不足。

第38招　用保单存退休金

曾有媒体做过一项调查：上班族中，70%以上希望退休后能去世界各地旅行，然而却有40%以上的人因资金准备不足而无法提前退休。我们一生中收支往往不平衡，年轻时精力充沛，可依靠工作获取更高收入；年老后没有了工作收入，只能依靠年轻时积累的退休金生活。有人会想，我可以年轻时每月拿出一部分薪水存入银行，年老后依靠年轻时的储蓄生活。然而，通过个人储蓄积攒退休金，对个人意志力及耐力的要求较高，储蓄计划很容易半途而废，储蓄资金很容易被挪用。如果想为老年生活积累足够的费用，我们不妨尝试用保单存退休金。

有一种保险叫年金保险，非常适合我们为自己存未来的退休金。

年金保险是这样一种保险：如果我们为自己投保，那么在投保期限内，只要我们生存着，保险公司就要按照合同约定的方式、金额定期支付保险金。通常来说，年金保险以年为保险金给付周期。

相比其他保险，年金保险更安全、更有保障，因为保险公司在签订合约前必须准备一定数量的责任准备金。如果我们投保的保险公司停业或破产，那么根据保险公司间的责任准备金储蓄制度，我们的年金会由其他保险公司自动分担。需要注意的是，如果我们购买年金保险，那么领取年金前必须交足所有的保费，不能一边交保费一边领取年金。

我们如果年轻时将闲散资金集中起来购买年金保险，那么年老收入中断后，就可以通过保险公司定期支付的保险金保障经济生活。可以这么说，年金保险有类似"终身薪水"的功能，只不过发薪水的人是年轻时的自己，领薪水的人是年老后的自己。我们年轻时存入的金额越大，年老后领到的"薪水"就越多。

年金保险中有一个特定的种类，即个人养老保险。这种保险的投保方式是我们年轻时与保险公司签订投保合同，按月缴纳保险费直至退休；从退休那一天起领取年金，直至死亡。年金不是一个固定不变的数额，以年为单位，按一定比例递增。保险公司支付年金的方式有两种，一种是一次性付清，另一种是分期支付。两种给付方式可以随意选择。

投保年金保险时，保险公司会对我们做出一些承诺，比如：如果被保险人在退休前死亡，保险公司会退还所有的保险费；如果被保险人领取保险金的年限未满就死亡，保险公司会将年金支付给受益人，直至年限期满；如果退休前被保险人不愿再投保年金保险，可以终止保险合同，保险公司会支付退保金等。

可以存退休金的保险不只是年金保险，其他保险种类只要保单存期够长，保险金给付方式合适，都可以用来存退休金。

第39招　为年迈父母选择合适的保险

截至2023年，据中国社科院的最新数据统计，我国的独生子女总量约为1.8亿。这意味着我国有1.8亿个家庭中的老人面临养老问题。在当今社会，养老是一个不容忽视的大问题。在给予老人更多关心、给予他们丰富物质的同时，我们也应该为他们的晚年生活提供更多的保障，根据需要为他们购买合适的保险。

保险通常有年龄限制。意外伤害险的投保年龄限制在65周岁以下，养老保险、重大疾病保险的年龄限制则在60周岁以下。事实上，即便老人没到60周岁，只要过了50周岁，很多保险公司就会要求老人投保前先去指定医疗机构体检。体检中只要有一项指标不达标，保险公司就会拒绝投保要求。

我们有足够的经济能力，可以为父母购买保险时，父母的年龄已经大了，或许已经超出了投保标准。即使年龄在投保范围内，老年人投保的保费相比年轻人投保也要高出很多。就以医疗保险为例，被保险人年龄越大，患重大疾病的概率越高，所以保险公司对年龄越大的被保险人收取的保险费越高。如果被保险人的年龄在45周岁到50周岁之间，投保20万元的重大疾病保险，那么投保人每年要缴纳5000元到10000元的保险费。投保人如果收入不高，这笔保费将是很大的负担。

市场上适合老人的保险种类不多。很多人或许会疑惑，该为年迈父母选择哪些种类的保险呢？

为年迈父母投保，平常的保单或许不那么合适，除经济原因外，还有一个重要原因：平常保单针对的多是青年或中年人，而不是老年人。有些保险公司推出了一些专门针对老年人的保险产品，我们都可以考虑。

因为老年人面临的危机主要是重大疾病、意外伤害和死亡，所以目前市场上的老年险以医疗险、意外伤害险和寿险居多。有些人为展现自己的孝心，为父母购买保险产品时不加选择全部购买。这种做法是不理智的。我们选择保险产品应当有针对性，针对自己父母的实际情况购买。

我们应该优先购买的老年险是重大疾病保险。因为多数老年人身体状况不好，患重大疾病的可能性远高于年轻人，理应为他们提供更高的医疗保障。

有资料显示，老年人因意外伤害而伤残的比例是平均比例的4到10倍。老年人腿脚不便，遭遇意外伤害的可能性远高于年轻人，所以如果经济条件允许，也可以考虑为父母购买一份专门针对老年人的意外伤害保险。

有一些保险公司推出的意外伤害保险年龄要求较宽松，就算被保险人年龄在75周岁到80周岁，他们也接受投保，不过保障期限较短，多为一年。

老年意外伤害险保费较低，保障范围却没有因此而缩小。老年人因意外伤害而引起的高残、骨折、烧伤、重大手术、身故等，老年意外伤害险都有保障，有些公司的保险甚至保障老年人的关节脱位、食物中毒。

需要注意的是，我们如果购买意外伤害险，那么只有父母遭遇意外伤害时才可以办理理赔手续。赔付的保险金是意外伤害保险金，保险公司并不保障因意外伤害而住院的费用，住院费用只能通过医疗保险保障。

因为老年人的死亡概率太高，所以很少有保险公司愿意接受老年人的寿险投保，我们为父母投保高额寿险也并不划算。如果想为父母购买寿险，可以选择定期寿险，既不必支出太多保费，又能使父母拥有更高保障。

保险产品日趋完善，针对老年人的保险种类越来越多。除上面提到的险种外，有些保险公司还推出了养老保险、长期护理险等针对性更强的险种。

■第40招 经济困难时尽量不要让保单断供

我们可能会遭遇类似的情况：很多年以前购买的保险，保费一直在缴纳，但受物价上涨、收入降低等因素影响，保费变得越来越难以承担。有些人或许会考虑退保，但退保又太可惜了，因为随着年龄的增加，保费越来越高，以后再买保险太不划算了。

经济再困难也尽量不要让保单断供，与保险公司解约退保应当是我们万不得已时的最后选择。我们如果与保险公司解约，以后重买保险，不仅会损失保险费，风险期也会随之后延。如果我们购买的是终身医疗保险，那就更不要随便退保了。保费缴纳不出时，有很多种方法可以帮助我们渡过难关。

储蓄型的人身保单通常有现金价值。现金价值是这样的：保险公司为履行保险合同，常备有责任准备金，如果我们中途退保，那么保单责任准备金会变成保险公司退给我们的退还金，退还金额就是保单的现金价值。

我们如果只是短期内资金周转有困难，可以利用保单已有的现金价值自动垫付未来几年的保费，直到现金价值用完为止。只要保费按时支付，保单就有效。即使资金周转出现问题，连续几年无法支付保费，保单中约定事故发生后，也仍然可以向保险公司申请理赔。不过，由于保险金额与保单现金价值有关联，现金价值变成垫付保费后，保险金额或许会随之减少。办理现金价值垫付手续时，最好能详细问清楚相关情况。

利用保单现金价值垫付保费，还有一种方式是将保险变更为"展期定期保险"，用现金价值一次性付清需要缴纳的保费。展期定期保险主要指定期死亡保险。保险费缴纳方式更改后，保险金额不变，保险责任、保险期限等会随之更改。如果在保险期内被保险人亡故，保险公司要赔偿一定数额的死亡保险金；如果超过保险期后被保险人才死亡，保险公司就不必赔付保险金了。我们用这种方式缴纳保费，既能使保单维持一段时间，又可以不减少保险利益。

有时候购买的保单太多，有些保单并不是绝对需要的，我们可以针对不太重要的保单申请减额缴清，办理减额缴清手续后就不需再为这类保单缴纳保费了。保单保障内容、保障期限都不变，只不过保险金额会变少。

如果购买的保险产品有"可转换权益"功能，那么我们可以申请将保费较高的养老险、两全保险、终身险等产品变更为保费较低的定期险种，这样既能缓解我们的经济压力，又能使保障继续有效。

有一些保险险种可以在两年内申请复效，即如果保单失效时间在两年以内，那么只要两年中能将相关保费和利息全部缴清，保单就会恢复保障效力。对于不太重要的保单，我们可以申请暂停缴纳保费，让保单暂时失效。只要确保两年中自己经济状况会好转，能继续缴纳保费，保单的保障功能就可以恢复。

第41招　投资股票要先了解股票

股票是一种有价证券,由股份公司发行,可买卖。持有股票的人被称为股东。股东一旦认购股票,就不能退股,只能通过买卖转让股票。股票转让意味着公司股东改变,不会增加或减少公司资本。股东持有的股票数额越大,在股份公司享有的决策权越大。股东持股数达到一定数量时,就可以掌握公司的决策控制权。股东享有股份公司的所有权,可参加股东大会,参与股份公司的重大决策,并享有公司收益。同样,如果公司经营出现亏损,股东也必然要承担相应的损失。

股票投资风险大,是很多投资者不敢投资股票的原因之一;还有一些投资者不敢投资股票,是因为对股票种类、股票投资方式都不够了解。投资股票前,必须了解一些股票的基本知识。

股票种类很多,分类方法也多种多样。按投资主体分,股票可分国有股、法人股和社会公众股三种类型。

国有股的投资者多为国家部门或国家机关，这类股份多由股份公司的现有国有资产折算而成。由于我国股份制企业多由国有大中型企业改制而成，所以公司股权中的国有股比重较大。

我国上市公司的股权结构中，比例仅次于国有股的就是法人股。这类股份是公司股份中非上市流通的部分，持股者多为企业法人、社会团体或有法人资格的事业单位。

社会公众股就是股市中流通的股份。这类股份的持股者可以是个人，也可以是机构。持股者购买股份的财产必须是合法财产；股份可用于投资，也可用于买卖。根据法律规定，单个持股者的持股数量不应超过公司总股份的千分之五。

我们去股票市场常听见人们说A股、B股、H股等各类股票。A股、B股、H股等股票类别的划分依据是股票上市地点和面对的投资者。

A股是由中国境内公司发行的人民币普通股票，购买币种是人民币，购买者为境内的机构、组织或个人。

B股是用人民币标明面值，用外币认购或买卖的人民币特种股票。这类股票只在上海和深圳的证券交易所上市。上海交易所中的B股，计价时以美元为单位；深圳交易所中的B股，计价时以港元为单位。

H股指的则是在内地注册而在香港上市的外资股。

要想进入股市，除了解股票类型以外，还要了解股票买卖的方法。

首先要为自己开设一个股票账户。正式交易时，必须委托证券公司代理交易，所以开户业务要在证券公司办理。开户时，可同时开通网上交易、电话交易等各项业务。开户后，要下载证券公司指定的网上交易软件，并到银行开通活期账户，以方便利用网上银行转账。

有了自己的股票账户后，就可以购买股票了。股票买卖以手为单位，一手是100股。对于申购新股的账户，证券交易所有数量限制。

■第42招　选择优秀企业的股票

巴菲特是股市中的传奇人物。他进入股市时，身家只有100美元。在股坛闯荡40多年后，他变成了身家达数百亿美元的世界级富豪。有人曾研究过巴菲特的选股：他40多年选择了波士顿环球、华盛顿邮报、可口可乐、通用动力公司等优秀企业的股票，投资了61亿美元，通过投资股票赚取的利益达318亿美元。也就是说，他投资的股票总收益是投资金额的5.2倍。因为这个惊人的收益率，巴菲特成了人们口中的"股神"。巴菲特以1060亿美元财富位列2023福布斯全球亿万富翁榜第五名。

不是每一个投资股票的人都能像巴菲特那样，但我们可以学习巴菲特的投资方法，学习他选择股票的眼光。巴菲特曾经说过，投资股票的关键就在于选择，要学会选择优秀企业的好股票。巴菲特口中的优秀企业，指的就是业务清晰明了、业绩持续优良、管理层有较强能力、懂得为股东着想的企业。

通常来说，行业中的龙头企业业务已成熟，业绩也有可靠保障，是我们投资股票的首选。股市中，一些行业垄断性公司的股票往往是人们争抢的对象。

如果一家公司既生产塑胶制品又经营钢铁，同时从事房地产行业，兼做服装生意，那我们是否购买这家公司的股票就要慎重考虑了。这样的公司业务结构太复杂，我们不太容易弄清楚他们靠什么业务赚钱，有的公司或许自己都不清楚该以什么为主营业务。

选择公司不要看规模大小。与其选择规模大但业务结构复杂的公司，不如选择规模较小但业务结构简单的公司。业务结构简单，说明公司明白自己的核心竞争力在哪里。它会专注于自己核心竞争业务的发展，集中力量做好自己的主营业务，在自己的业务领域创造更高的效益。这类公司更有发展前景，公司股票增值的可能性也更大。业务专精的公司往往有自己的主打品牌，有口碑良好的品牌做支撑，破产风险较低，较适合投资。

我们如果对一家公司的业务情况不太了解，想了解公司经营状况的话，可以查看公司的财务报表。上市公司通常都会公布自己的财务报表，其中有利润表、资产负债表等。这是我们得到公司经营信息的最好方法。

有些人不愿花费心力研究报表，为求方便，去打探小道消息，或者只购买专家推荐的股票。这种选择股票的方法投机性较大，对于想长期持有、真正通过投资股票理财的投资者来说，其实并不合适。我们不需看懂财务报表中的所有部分，只需要了解报表中几个关键的分析数据，弄明白公司的经营业绩和发展前景就可以了。公司以往三年的经营业绩都可以作为我们投资股票的参考。

除企业业务、经营状况外，公司管理团队也是我们了解企业发展前景的一个着眼点。管理团队是企业的舵手。如果企业管理团队素质不够，管理制度不够优良，企业经营很容易偏离原有的发展轨道。优秀企业的管理团队不仅要有高素质，还要稳定。管理团队变动过于频繁，会影响企业发展。只有管理层稳定，企业才有可能持续发展，企业股价才有持续增长的可能性。

第43招　不要盲目听信小道消息

我们身边或许有这样的朋友：他认识的很多人都通过炒股赚了大钱，这让他很是羡慕，于是他贸然决定自己也要进入股市。入市前，他没有做任何准备，不懂投资理论，甚至连股票基础知识都不了解，觉得身边的亲朋好友都不是投资高手，但是他们能获利，肯定是因为消息灵通，抓住了机会。所以入市后，他用大部分精力四处打探消息。别人介绍的股票，他不加分析，全盘购买。结果，杂七杂八的股票买了一大堆，最后一结算，收益却抵不上亏损。

股票投资风险大。因为股价涨落不定，所以股市中充斥着各种来源不一的消息、预测。新入股市的投资者对股市行情不够了解，往往容易听信这些消息。尤其是当自己投资的股票发展前景并不明朗时，投资者很容易一有风吹草动就不加考虑，贸然行事。最后的结果是消息并不准确，投资者却因此而误判形势，损失了一笔资金。

一位证券投资家曾说："在华尔街60多年，我的经验是没有人能够成功地预测股市变化。"投资大师巴菲特也曾说："没有人能够预测市场走势。"投资者不要听信别人口中的"专家意见""股市走向"。真正的股市专家或许会告诉我们投资股票应该注意的一些事项，或许会对我们投资的股票做出一些分析，提出一些建议，他们绝不会就"股市走向"发表意见，因为他们清楚，股市中唯一可以确定的一点就是一切都不确定。成熟、理性的投资者应该明白，股市中这些不知真假的消息绝不应成为买卖股票的依据。

很多人听信小道消息，是因为抱着投机、不劳而获的心理，不愿自己下功夫研究投资理论，又想了解股市行情，于是，他们从报纸、杂志中找消息，从其他投资者或所谓"专家"口中打听消息；寻找各种机会，打探哪个公司要重组、哪只股票谁做庄，寄希望于通过投机一夜暴富。

这些人投资股票的目的是获得"一次性收入"，而不是"持续性收入"。这种投资行为的性质与赌博无异。投资者即便能一时获利，收益也不可能稳定持久，有一天甚至可能吃大亏，损失大笔资金。投资理财，最重要的是持续、长久。好的投资应当是能为我们带来持续性收入的投资。我们购买股票，为的不是一次性的暴利，而是能在股市中长存，所以投资时应当戒除投机心理，学会独立分析、积极思考，长期持有以获利。

我们如果没有太多时间研究股市，又不清楚哪些消息可信、哪些消息不可信，可以选择跟庄。庄家是股市中持股数量较多的投资者，可以说在某一个阶段内是股市中的赢家。我们应该承认，相比散户，庄家在信息来源、信息研究深入度、资金数量、人脉等方面有更多优势。因为庄家持股量较大，所以他们的动作有时可以影响甚至控制股价。对于小额投资者来说，跟庄可以更大程度地保障自己的资金安全。跟庄时，我们也可以向庄家学习，以使自己的投资更成熟、稳健。

第44招　根据市场环境选择股票

股市有牛市和熊市，股票价格有涨有落。我们投资股票是希望能够低价买入，高价卖出。同一只股票在不同的市场环境中的价格是不同的，所以选择股票时，应根据当时的市场环境尽可能选择最有升值潜力的股票。

股市环境变幻莫测，不只有熊市、牛市之分，还有震荡期、暴跌期、调整期等不同的时期。我们要想学会根据市场环境选择股票，先要弄明白常见的股市行情有哪些，然后再对症下药，根据形势做判断。

我们常说的牛市行情指的是多数股票上涨，并且上涨期持续较久的强势行情。牛市行情中，因为股票价格普遍上涨，所以多数股民都会选择买入股票，很少有人会卖出股票。购买股票的人多了，又会推动股价，使股价继续上涨。牛市行情到来时，我们如果手中没有股票，可以买入市场中较热门的股票，这类股票涨幅较大，为我们带来的收益较高；我们如果手中已持有股票，千万不要因其他股票股价暴涨而盲目换股，而要稳定心态，等待自己持有的股票上涨时机到来。通常来说，一轮完整的牛市中，每个板块的股票都有上涨可能，即使我们手中的股票暂时没涨，也不要着急。

熊市行情指的是股票市场整体下跌，下跌时间持续较长的市场行情。因为熊市中股价普遍较低，所以我们应尽可能减少股票交易次数。有些股票在熊市中价格已经跌到最低，熊市过去后或许有暴涨可能，我们如果要购买股票，最好购买这一类股票。一般来说，刚上市的新股、跌幅较大的股票都属于这种类型。熊市行情中，股价虽整体下跌，但偶尔会出现小规模反弹。如果手中持有的股票跌幅较大，已被套牢，可以抓住股价反弹的时机售出股票。

有时股市会出现这样的行情：熊市已经过去，但股价下跌没有回转倾向，股票交易的成交量依然很小，这是成交低迷的行情。熊市行情与成交低迷行情的区别是：熊市中很多股票价格已经见底；成交低迷行情中，市场却没有见底。在后者行情中，我们最好优先选择那些已经走出低迷状态，股价开始回升，成交量开始变大的股票。低迷期过去后，这类股票往往有较高的涨幅。

股市不稳定，股价反复的情况时有发生。一段时期内，多数股票价格持续反复，震荡不定，这样的行情叫作震荡行情。震荡行情中，很少有持续上涨的股票，多数股票不会大涨。这时我们如果想购买股票，最好选择热点股。热点股追捧的人较多，涨幅较高，能为我们带来较大收益。我们如果手中持有的股票刚好较冷门、较弱势，不要死抱着不放，要寻找机会快速出手。

市场环境指的不只是股价的涨或跌。我们投资股票用的是人民币，投资目的是使手中的人民币保值增值。我们选择股票时，应把人民币的增值贬值也考虑在内。人民币升值时，可以考虑购买银行股、地产股、航空股、钢铁股等股票；人民币贬值时，这些股票则应避开。

第45招　尽量规避股市风险

世上没有免费的午餐，股票市场中更是如此。我们要想获取高额利润，就必须承担相应的风险。股市风险指的是购入股票后，预定时间内无法以高于买入价的价格将股票卖出，或者卖出价低于买入价，造成资金损失。

常见的股市风险有三类：

第一类是经济危机等因素导致股市整体价格波动、股价整体下滑的风险。这种风险存在于所有的股票市场中。股市整体下跌时，几乎所有股票都会被波及，最典型的例子就是美国股市曾遭遇的"黑色星期一"。

第二类是国家出台或调整的法规、政策，涉及股市利益，导致股市出现整体价格波动、股价下跌的风险。影响股价的法律法规不只是与股市利益直接相关的法律法规，有时国家出台的利率调整政策、产业改革政策，或者区域发展政策等影响经济的政策也会影响股票价格。

第三类是我们购买一家上市公司的股票后，公司经营业绩开始下滑，导致股价大幅下跌；或者受宏观环境影响，某个行业整体效益下滑，导致这个行业的上市公司股票价格集体下跌的风险。上市公司的经营状况充满不确定性，经营出现亏损导致股价下跌是时常发生的事。在股市中，这类事件屡见不鲜。

有些风险是难以规避的，比如经济危机、国家政策等导致股市股价整体下跌的风险；有些风险是可以规避的，比如某家上市公司经营不善，导致某一只股票价格下滑的风险。我们要想规避股市风险，首先要对自己可能面临的风险有正确的认识、正确的判断，树立较强的风险意识；其次，针对自己可能遭遇的风险、可以防范的风险，及早采取防范措施，防患于未然。

个体投资者应该做到以下几点：

第一，投资前多花一些时间研究证券知识和股票投资策略，以使自己的投资更稳健，选股技巧更成熟。有人曾说过，在投资市场中，"做过功课是投资，没有做过功课是投机"。我们如果抱着投机的心态进入股市，或许会一时好运赚一笔，然而好运不会一直在，不可能永远靠运气获利。

第二，入市前看准市场环境，寻找对自己最有利的入市时机。经济衰退、股市萎靡、股价持续下跌时，最好不要入市。国家刚出台一项新的调控政策，导致股价下滑，股市人心惶惶时，也不要入市。我们应该尽量选择在股市欣欣向荣、股价一路飙升时入市。牛市行情适合入市，但我们也要找准时间点，如果刚好赶在牛市的波动期或者股价涨势的结束期入市，那么亏损的概率将大增。

第三，先找到适合自己的投资方式，再选择股票。不同人适合的投资方式是不同的。有些人投资股票不以赚取差价为主要目的，希望能长期持有一家公司的股票，长期获利。这样的人适合长线投资，可以选择短期内虽没有较高涨幅，但公司经营状况一直良好且稳步增长的股票。有些人有一定的股票投资经验，但没有较多时间关注股市，可以采取中线投资的方式买卖股票。有些人投资经验较丰富，反应灵活，可以选择短线投资，找准时机买入，找准时机卖出，赚取差价。通常来说，短线投资利润最高，长线投资利润最低。

除此之外，还可以通过组建投资组合，购买不同行业的多只股票来分散风险。投入股市的资金不要太多，应该在自己能承受的亏损范围以内；无论是赔是赚，都适可而止，及时抽身，不要恋战。

第46招　投资期货要先了解期货

我们买卖物品通常都是现货交易，当场挑选商品，当场付款。即使通过网络购物，一般情况下，三五天物品也可被送达。有一种买卖物品的方法却不同，购买者买进一种商品，半年或一年后才能拿到货品。买卖方式虽然特殊，买卖的物品却没有什么特别之处，大豆、棉花、白糖、菜籽油、铜、铝、铅、钢、汽油、橡胶等都是生活中的常见商品。这些寻常商品可以在市场中当场买卖，卖后可直接变现，买后可立即拿到。为什么有人宁可选择半年或一年后买入、卖出，也不愿意当场买卖，立即变现、入手呢？这是因为这些货物有升值前景，一年后买入或卖出可获利更多。这种买卖货物的方法也是投资方式的一种，叫作期货投资。

市场中所有商品的价格都不是一成不变的。价格有上下波动，这就给了我们投资的机会。我们可以利用价格波动赚取差价：了解期货交易的市场行情后，选择交易商品，找到交易伙伴，签订远期合同，合同到期后交割实物。

市场中的期货不只有原材料、农产品、能源、金属等实物商品，还有银行利率、外汇汇率等金融商品。有些原材料、农产品易腐坏，不易保存，如果交易数量较大要占用大量空间，所以在期货交易市场中，实物商品不如金融商品受欢迎。

金融期货是目前期货交易市场中最常见的交易品，包括外汇期货、利率期货、股指期货、国债期货等不同类型。外汇期货是最早出现的金融期货品种，以外汇为交易物，交易双方签订合约，约定将来某一天按照当天汇率，将一种货币兑换成另一种货币。这种约定交易的方式在一定程度上可以起到规避汇率风险的作用。市场上可以从事外汇期货交易的货币有美元、英镑、日元、欧元、瑞士法郎、加拿大元、澳大利亚元等。利率期货、股指期货、国债期货的交易方式与外汇期货类似，只不过交易物变成了利率、股指和国债。所有的金融期货交易，我们都可以通过商业银行或投资银行办理；如果不了解期货市场和交易流程，也可以请期货经纪公司代理。

投资期货不需缴纳高额税费，手续费金额通常不会超过交易总额的0.03%，不过需要缴纳一定数额的保证金。保证金是我们的财力担保，保证我们将来有足够的经济实力履行合约，通常在期货交易前、办理开户业务时缴纳。保证金分两种：一种是期货交易所向会员收取的，叫作会员保证金；另一种是期货经纪公司向投资者收取的，叫作投资者保证金。保证金通常以货币形式支付，也可用流通中的国库券抵代。保证金金额依投资金额而定，约占投资总金额的5%到20%；投资者保证金往往高于会员保证金。

第47招　要弄清楚期货交易流程

任何投资都有流程，期货也一样。有些人希望通过投资期货获益，但是不清楚交易流程，投资过程中走了很多弯路，浪费了不必要的时间和精力。我们要想投资期货，先应该弄清楚的就是期货交易流程。

投资期货前要先选定期货经纪公司，在这家公司办理开户手续则确立我们与经纪公司的代理关系。开户基本流程如下：携带个人证明材料和相关文件到期货经纪公司提出开户申请，公司接到申请后会要求我们认真阅读《期货交易风险说明书》和《期货交易规则》，并在《期货交易风险说明书》中签字盖章，以确保我们了解了期货交易中可能遇到的风险和必须遵守的规则；之后，我们要与经纪公司签订《期货经纪合同》，合同中应明确双方应该履行的义务和享有的权利，双方签字后委托关系成立。需要注意的是，我们如果不是为自己开户，而是为自己所在的机构或代替其他机构开户，要向经纪公司提供《企业法人营业执照》的影印件，以及企业法人代表和期货交易业务执行人的姓名、联系电话。

开户后，我们就成了期货经纪公司的会员。现在国内的期货市场，所有参与交易的投资者都会有编码，登记备案。期货经纪公司会按照自己的编码规则为我们编码。所编号码是我们的专用码，每个号码对应一位投资者。交易时一定不要误用他人号码，也要注意不让他人误用自己的号码。

委托关系一旦确定，我们就成了期货交易市场中的一员。按照合约规定，要向期货经纪公司缴纳一定数量的开户保证金，由公司存入我们的交易账户中。交易账户是用于交易的资金信用账户，账户中的资金是我们的个人资金；经纪公司须把这个账户和自己的资金账户分开。存入账户的保证金仍归我们所有，在期货交易结算时使用，经纪公司不得私自挪用。

账户中有了保障金，我们就可以从事交易了。因为我们已与期货经纪公司确立了委托关系，所以我们应向经纪公司下达交易指令委托单，委托公司工作人员代我们交易。委托单中的内容应该包括我们选定的期货品种、数量、买卖价格、日期、交易所名称，投资人姓名、编号和签名，期货经纪公司签名。下单方式有多种：可以亲自填写交易单，向经纪公司下达书面指令；可以通过电话和网上交易系统下达指令；还可通过计算机"热自助"下达指令。

期货经纪公司驻交易市场的代表收到我们的指令后，会以最快的速度将指令输入计算机，寻找买主或卖主，办理交易手续。交易结束后，代表会将结果反馈给经纪公司交易部。经纪公司会向我们提供交易记录单，记录单中记录着交易的数量、价格和时间。看到交易单中的信息确定无误后，签字确认，交易完成。如果交易单中的记录有误，可在下一个交易日开始前向经纪公司提出书面异议。

第48招　选择合适的期货经纪公司

投资保险，要选择合适的保险公司；投资期货，也要选择合适的期货经纪公司。期货交易流程中，投资期货要做的第一件事就是选择期货经纪公司。

要想从事期货交易，我们必须委托期货经纪公司代为操作。期货经纪公司是我们与期货交易所之间的连接纽带，公司经营状况直接关系着我们的投资结果。期货市场中，经纪公司多而杂，良莠不齐，如果我们误选了经营不佳的公司，投资过程中会出现很多麻烦。

选择期货经纪公司，要重点考虑以下几个方面：

第一，这家公司有合法的代理资格、良好的行业信誉、规范的运作流程。有些公司并不具备合法的从业资格，公司员工也没有受过正规的职业培训，这样的公司通常无法为我们提供专业的投资指导。有些公司经营不规范，常收取投资者法律规定范围以外的保证金和手续费，这样的公司并不可靠，很容易对投资造成负面影响。有些公司经营状况不佳，长期亏损，总出现经济诉讼案件，这类公司甚至可能威胁我们的资金安全。我们投资时可以要求公司出具相关证明，证明自身的实力、信誉和合法性。

第二，这家公司联系方便，服务质量好，可以迅速、准确地接收和执行我们发出的交易指令。我们的交易操作要由经纪公司代为执行，如果公司联系不方便，接收指令不及时，服务有漏洞，无法正确执行我们的交易指令，那么交易操作会大受影响，交易失利的可能性会很大。

第三，这家公司可以为我们提供准确、详尽的市场信息，可以主动为我们介绍有利的交易机会，为我们提供理想的经纪人。好的经纪公司应该有专门的调查员，定期调查各种期货的报价、供求量等市场信息，并向投资者提供这些信息。以农产品期货为例，调查员在收获季节到农产品产地，调查收成情况，拿到第一手资料后会将信息反馈回公司，公司会有分析员对信息做专业分析，再由经纪人将分析结果传达给客户，以使客户选择的期货产品获利可能性更高。选择期货经纪公司时，应该优先选择重视信息的收集和分析，可为投资提供更多辅助工作的公司。

选择时最好多做实地调查，亲自去经纪公司看一看，切身感受一下这家公司的规范性和服务质量。任何经纪公司都有长处有短处：有的公司擅长收集信息，服务质量也不错，但是收取的手续费较高；有的公司擅长分析股指期货的市场前景，对金属期货和农产品期货的分析则不够深入。在选择时不要只盯着公司的长处或短处，应该客观、全面地分析，选择最适合自己的公司，选择前要谨慎，选定后不要轻易更改。

■第49招　选择更能获利的期货商品

可投资的期货商品种类繁多，但并不是每一种商品都能让我们获利。选择期货商品时，应该选择更有升值前景的商品。很多因素都会对期货价格造成影响，国际政治经济形势、市场供求关系、天气和气候甚至节假日都会使期货商品出现价格波动。在选择时应该考虑到各方面因素，这样投资才能更稳妥。

国家政策和国际政治形势会影响期货价格。如果一个国家与另一个国家关系紧张，两国或许会限制对方国家商品的进口，提高商品进口关税，这样一来，商品价格肯定会上涨。如果国家实行一项新的调控政策，提高某一种商品的收购价，那么这种商品的价格就会随之上涨。如果国家增加种植某种粮食作物的补贴，那么种植这种作物的人会增多，作物产量会增加，市场供应量也会增加，作物价格将有下降可能。

经济形势也会影响期货价格。经济形势不是一成不变的，而是有一定的循环周期，会从繁荣状态进入衰退状态，也会从萧条状态进入复苏状态。经济形势变化时，所有的经济活动都会受影响，期货商品价格也会随之上下波动。经济发展迅速的时期，生产贸易活动较活跃，对农产品、原材料的需求量会增加，这些期货商品的价格会上涨；相反，如果经济衰退，农产品、原材料等期货商品的价格会随之下跌。

供求关系影响商品价格，期货商品也不例外。商品供给量增加，价格会下降；供给量减少，价格会上扬。商品需求量增加，价格会上涨；需求量减少，价格会下跌。政治经济形势之所以影响期货商品价格，也是因为政治经济形势的变化改变了期货市场中的供求关系。我们选择可获利更多的期货商品时，如果对交易时的政治经济形势没有太多了解，可以只考察当时市场中的商品供求关系。

大豆、棉花等农副产品期货，价格会受天气和气候影响。天气和气候影响农作物收成，农作物收成影响市场供应量。供应量增加或减少，市场供求关系会随之改变。供求关系改变，商品价格也会随之改变。

节假日也影响期货价格。节假日时，有些商品的消费人数会增加，有些商品的消费人数会减少。消费人数就是商品需求量。如果这些期货商品的交易日刚好在节假日，那么商品价格肯定会随之上涨或下跌。

期货商品种类众多，影响不同商品价格的因素各不相同：禽流感会影响肉产品期货价格，汇率变化会影响外汇期货价格……市场投机心理、交通运输状况、通货膨胀率、人们的消费习惯等也都是影响期货商品价格的因素。我们选择期货商品时一定要多方面了解信息，以使自己的考虑更全面，对期货商品市场的判断更准确，选择的商品获利可能性更高。

第50招　努力规避期货投资风险

在所有的投资方式中，期货投资是获利最多、最快的投资方式之一。很多投资者希望通过投资期货一夜暴富，然而市场中一夜之间倾家荡产的例子似乎远多于一夜暴富的例子。期货投资获利更多、更快，但是投资风险也更大。我们如果想涉足期货投资市场，首先必须对可能遇到的风险有基本的认识，做好遭遇风险的准备，并尽可能地规避风险。

期货市场中常见的风险有以下几种：

第一，保证金不足导致交易被迫中止的风险。期货投资是"以小博大"的投资，我们投资的资金只是投资总额5%到20%的保证金，也就是说，我们投资的期货总价值是投资资金的5到20倍。交易时，我们买卖的期货价值必须在保证金可承担的价值以内，交易才可顺利进行。市场行情时刻在变，有时期货价格会走高，我们或许会计算失误，导致投资的期货价值超过保证金可承担的价值。账户中的保证金不足，交易只能被强行中止。

第二，合约到期时无法凑足足够资金或货物的风险。我们投资大豆期货，不是为了买卖大豆，而是为了通过转手获取差价；投资黄铜期货，也不是为了买卖黄铜，同样是为了获取差价。交易前之所以要支付一定数额的保证金，正是为了保证交易日到来时，我们可以凑足足够的资金或货物。保证金的作用类似抵押品，我们的实际投资是保证资金的 5 到 20 倍。如果合约到期、交易日到来时，我们无法凑足足够的资金或货物，那么交易将无法进行，我们的保证金也无法退回。

第三，经纪公司或委托机构操作不当的风险。投资期货，实际操作由期货经纪公司代为执行，我们本人不参与实际交易。在交易过程中，经纪公司代理人或许会因接收信息错误或一时失误而错误操作，致使交易失利。这种风险出现的概率并不低，交易时需要格外留意。

期货投资中的风险多数都是可以规避的。规避方法并不麻烦：开户时，我们可以提高保证金所占的百分比；投资时，可以尽量选择价格波动较小的商品。保证金所占的百分比提高，意味着我们的投资总数降低，一旦出现亏损，我们的亏损也会减少；不过投资总数降低，收益也会降低。投资的期货商品如果价格浮动较大，那么我们会获利很多或亏损很多。如果不是期货投资的老手，亏损的可能性会远高于获利的可能性。投资价格波动较小的商品，好处是投资比较稳定，风险较小，不会亏损太多或获利太多。

投资期货不像投资股票，价格总有上涨可能，只要长期持有总能收回本金；期货投资有一定的投资期限，交易日到来时，无论是赚是赔，都要完成交易。交易完成前，我们如果发现投资多半会亏损，最好立即向经纪公司发出止损指令或取消指令，停止投资。

第51招　投资外汇，以钱赚钱

我们如果身在国外，手中只有人民币，购买商品前需要将人民币转换成外币。币种转换时，我们要按一定的比率折算。这个折算比率就是汇率。比如，2007年7月，1美元可以折换成7.5951元人民币，美元与人民币的汇率就是7.5951。汇率会上下浮动。汇率变动时，我们手持的外币会升值或贬值。举个例子，假如美国经济下滑导致美元疲软，1美元只能折换4到5元人民币，那么，这时我们手中持有大量美元，就相当于资产无形中在贬值；相反，如果美元升值，那么我们的资产无形中也在升值。

汇率浮动导致外币升值或贬值，这直接催生出了一个新的投资市场——外汇市场。中国加入世贸组织后，对外开放的程度日益增大，与国外的经济往来日益增多，市场中人民币"一统天下"的局面逐步改变，银行储蓄、商品交易中的外币储蓄、外币交易越来越常见。美元、英镑、欧元等外币越来越多地出现在我们的生活中，持有外币的人也越来越多，但是能够利用外币与人民币的汇率差赚钱的人却为数不多。

外汇市场与股票市场、基金市场不同，它是一个无形市场。投资外汇不需要缴纳佣金、手续费和各种税款，交易成本非常低。我们要做的也并不复杂，只要经常关注所购货币的兑换率就够了。因为没有时间、地点限制，交易底线低，所以外汇投资的适用人群比股票投资、债券投资等广泛得多。我们无论从事哪种行业、经济条件如何，都可以通过投资外汇赚钱。

外汇是伴随国际贸易的发展而出现的，政府和中央银行发布有关外汇汇率的金融档时，要考虑到全球金融市场的稳定，所以发布的信息较谨慎，信息透明度较高。外汇投资的参与者非常广泛，既有中央银行、商业银行和基金公司，又有企业和个人。为数众多的参与者使外汇市场每天的成交量变得格外庞大，最高时能达到几万亿美元。高透明度的信息、高额的成交量，使得外汇市场有了其他投资市场难以比拟的优势：更公平，更不容易被操作。要知道，没有哪个机构有足够的实力操纵这么多参与者、这样一笔高额资金及全球汇价。

我们购买债券，有一定的偿还期限；投资股票，要寻找合适时机卖掉它。投资外汇则不同，外汇投资没有投资期限，我们也不必花费太多心思寻找脱手时机。地球上的每个国家都有货币在流通，不同国家的货币币种不同，只要有国家在，外汇市场就一直在。市场中最常见的外汇交易品种有美元、欧元、英镑、日元、澳元、加元、瑞士法郎等，这些品种流通较广，所以操作较简便。其他外币品种虽然不如这些品种操作便利，但也可以进入外汇市场交易。

第52招　选择合适的外汇交易方式

很多人都知道，投资外汇可以赚钱，但是具体该怎样投资、怎样交易，没有实际操作过的人多数是不清楚的。常见的外汇交易方式有四种：现期外汇交易、远期外汇交易、期货外汇交易和期权外汇交易。

现期外汇交易，指买卖双方在一到两个工作日内完成交易手续的交易行为。它是交易市场上最常见的交易方式，因为交易在短期内完成，所以交易风险也最低。

有时受种种因素影响，交易手续会在交易合同签订三个工作日后完成，这样的交易方式就是远期外汇交易。在外汇交易市场中，远期外汇交易也是必不可少的一种交易方式。在汇率波动剧烈的时间段，一到两天内完成交易，汇率波动较小，收益较低。我们如果把交易时间拉长，三天后完成交易，就可以更好地利用汇率波动获取收益。不过，远期外汇交易也有一些缺点，比如交易必须按合同进行，遇紧急情况难以取消或更改等。

外汇交易，交易的是货币。有时，交易行为可以不用在当下发生。比如，我们持有某种外币10年或者15年以后，将外币拿到交易所公开叫价，完成交易。在这样的交易方式中，外币就有了期货的性质。这种交易方式被称为期货外币交易。交易必须在专门的期货交易所进行，购买外币期货的货币通常是美元这种通用货币。

可以买卖的不只是货币或其他实物商品，某种商品的买卖权也可以买卖。期权交易指的就是买卖商品买卖权的交易。如果交易的商品买卖权是外币买卖权，那么这种交易就是外汇期权交易。之所以要买卖一种商品的买卖权，是因为买到这种商品的买卖权后，我们可以在某个特定时间以一种特定价格买下或卖出这种商品。买卖外汇期权时，买入方必须向卖出方支付一定的期权费。

这四种外汇交易方式具体操作都较简便。以现期外汇交易为例，假设我们用10000元人民币买入了一笔欧元，买入时人民币比欧元的汇价是1∶0.1242，当天晚上，汇率变为0.1264。这时，我们卖出这笔价值10000元人民币的欧元，就能获得约177元［（10000÷0.1242）×0.1264-10000］的收益。整个交易过程中，我们只需执行买入与卖出两项操作。

我们可以直接在网上操作外汇交易，足不出户就能赚钱。网上炒汇方便快捷，不过需要缴纳一定数额的保证金。保证金不会太高，交易完成后会退还。比如，如果我们要购买10万欧元，交易前或许要缴纳1万欧元的保证金。

■第53招　谨慎选择外汇投资银行

外汇交易不像债券交易、股票交易那样，在证券交易所中完成交易操作。投资外汇要去银行办理开户业务，由银行协助我们完成交易。外汇交易中，银行是交易的最终执行者，所选银行的质量直接影响交易的质量。刚入门的投资者还不清楚该怎样选择投资、怎样完成交易，银行很大程度上决定着投资方向和最终获利。所以，我们选择外汇投资银行不能轻率，一定要谨慎。

办理外汇投资业务的银行有很多，不同银行办理业务的方式、推出的外汇投资产品种类是不同的。选择银行时应该多方比较，比较时最好能重点考虑以下几项因素。

第一，银行办理业务的方式。我们通过银行从事外汇交易的方式通常有两种，即柜台交易和电话委托交易。柜台交易的流程是这样的：携带身份证和现金到银行，由工作人员帮助我们办理个人外汇买卖的开户业务；如果所带现金是外币，可以直接开户；如果所带现金是人民币，要先将人民币换算成外币后再办理开户。

无论所开账户是个人外汇买卖账户还是电话交易账户，都不需要缴纳手续费。如果交易金额较高，很多银行还有优惠。

第二，银行交易时间的长短。外汇市场 24 小时都可进行交易，但银行并不是 24 小时都可办理外汇交易业务。银行办理交易业务的时间越短，意味着我们投资获利的机会越低。我们选择银行时，最好选择交易时间较长的银行。

第三，银行提供的外汇投资相关服务。可以办理外汇投资业务的银行通常会提供一些相关服务，比如会有交易员帮助我们分析市场行情。银行本身是金融机构，他们的交易员专业程度相对较高，对市场的研究较深入，因而提出的建议较有参考价值。我们如果刚进入外汇投资市场，请专业交易员为我们分析行情、提供建议还是相当重要的；应留意一下银行提供的相关服务，选择相关服务较多、较实用的银行。

第54招　正确判断外汇走势

汇率总在浮动，我们想通过外汇买卖获利，当然希望自己能正确判断外汇走势，准确预测汇率。汇率之所以浮动，是因为国际金融市场的环境在变化。我们要想正确判断外汇走势、准确预测汇率，首先要弄清楚国际金融市场中影响汇率的因素有哪些。

外汇交易就是用一种货币兑换另一种货币。兑换价格是高是低，最直接的影响因素就是货币的供给和需求。货币供求由多方面因素影响，其中有几项因素影响力较大，我们判断外汇走势时应当以此为着眼重点。

第一，国家经济增长速度。经济增长速度是影响汇率的最基本因素，一个国家经济增长迅速，货币自然会升值。外汇市场中，美元是外汇投资的首选，正是因为美国经济发展较好，所以美元价值居高不下。外汇投资中，美元投资占据着举足轻重的地位。我们投资外汇时，一定要重点关注美国公布的经济数据。美国经济影响着国际经济，美元价值影响着国际外汇汇率，如果哪一年美国公布的经济数据突然变好或变差，那么国际汇率就要出现大幅变动了。

第二，货币供应量。一个国家的货币发行银行发行的货币，必须控制在一定数量。发行数量过多，会导致货币贬值；发行数量过少，会影响市场供求，影响国家经济发展速度。我们可以通过一个国家发行的货币数量来判断其经济情况，从而预测这个国家货币可能出现的汇率变动。通常来说，如果一个国家的经济增长速度过于缓慢或者经济在衰退，那么中央银行会考虑增加货币发行量，刺激经济。

第三，银行货币利率。多数人安置闲余资金的方式是存入银行，如果一个国家的银行利率太低，那么或许会有很多人选择将货币换成外币，存入利率较高的境外银行。低利率国家的货币被大量卖出，开始贬值；高利率国家的货币需求增大，开始升值，汇率自然会发生变化。

第四，国际收支情况。国际收支指的就是一个国家和其他国家间劳务及商品的输入、输出情况。在国际贸易中，如果这个国家的输出大于输入，收入大于支出，那么这个国家就处在对外贸易可赢利的状态，说明这个国家的经济状况良好。在经济状况良好的国家，货币在市场中的需求量自然较高，货币自然会升值。相反，国际贸易中支出大于收入的国家，市场中货币需求量会减少，货币会贬值。

第五，国际政治形势。政治会影响经济，如果政治形势紧张，货币非正常流入或流出的现象就有可能发生，外汇市场变得不稳定，汇率也会随之波动。影响汇率的不只是国际政治形势，国家内部的政治形势也会影响外汇走势。国家的政治形势越稳定，外汇市场就越稳定，汇率也就相对稳定。

影响外汇走势的因素有很多，除上文提到的五种外，国家的失业率、生产原材料的价格等因素也会对汇率产生影响。我们判断外汇走势时，应该考虑到各方面因素，全面分析，综合判断。

第55招 努力规避外汇投资风险

外汇汇率时刻在变化，这使得外汇价格充满变数，外汇市场也充满变数。汇率变动可能使我们在持有或买卖外汇的过程中蒙受损失，这是外汇投资中最常见的风险。因汇率变动而投资失败的个人和机构并不罕见：1974年，在美国排名第12位，客户存款高达30亿美元的富兰克林国民银行在外汇投资中损失4580万美元；同一年，德国排名中上的赫斯塔特银行宣告破产，原因是损失了1.6亿美元的外汇；20世纪80年代初，因汇率大幅变动，瑞士三大银行之一的瑞士联合银行损失资金约1亿美元。

外汇市场更公平、更不易被操控，这并不意味着外汇投资风险更低。相反，外汇投资的风险远大于股票投资。除了汇率风险外，外汇投资中最常见的是人为风险：交易开始时，交易人员对可能的收益做出了错误的预测；交易人员没有严格按规则交易；交易人员不够专业，无法胜任交易工作等。

外汇投资风险虽高，但也有它的局限。有些风险只针对买卖一方。比如，一家中国公司从一家美国公司买入机械设备，交易币种是美元。因为交易中美国公司直接拿到美元，所以美国公司不需承担外汇风险。需要承担外汇风险的是中国公司：如果美元汇率突然下降，那么中国公司无异于为机械设备支付了高价。

风险只存在于外汇交易期内。比如，我们与卖方签订的外汇交易合约为期三个月，三个月中汇率不断变化，我们要承受的风险就是最终结算日与最初签约日之间的汇率差。如果结算日的汇率低于签约日的汇率，而我们购入外币用的是签约日的高汇率，那么也就相当于我们损失了一笔不必支出的资金。三个月中，无论汇率差是否出现、是大是小，交易期结束后，风险都会消失。

可以说，外汇市场是世界上最变化莫测的金融市场，受汇率变动等因素影响，即使最专业的投资人员投资外汇时，也会有交易业绩不稳定的情况出现，也会在某个时间段不得不承受一笔资金损失。从进入外汇投资市场到熟练掌握外汇交易技巧是个漫长的过程，在这个过程中，我们不能保证不会遭受损失，但可以尽量规避风险，将损失减至最低，将风险控制在自己可承受的范围以内。

投资前要明确自己的投资目标，希望短期内快速获益还是长期持续收益；弄清楚自己承受风险的能力。投资时要尽量使用闲置资金，这样即便出现亏损，也不会影响正常生活。我们如果入市后发现市场行情不明朗，一定要先行离市，等待时机，不要有赌博心态，盲目投资。外汇交易也需要稳扎稳打，在没看清楚市场行情的情况下就投入大笔资金，结果将极有可能是亏损。

第56招　使用信托理财产品理财

相比投资股票、债券、外汇等理财方式，了解信托理财的人并不多，因为银行或信托公司通常不会公开销售宣传自己的信托计划。信托，简单说就是"受人之托，代人理财"，指银行或信托公司接受委托人委托，将委托人的资金集中起来，按照委托人指定的方式管理和使用的行为。信托资金的募集方式有两种：一种是向多个委托人募集资金，这种信托被称为"集合资金信托计划"；另一种是只向一个委托人募集资金，这种信托被称为"单一资金信托计划"。

投资集合资金信托有诸多限制，例如：最近3年内每年的年收入都要超过20万元人民币，或者3年内夫妻双方的年收入超过30万元人民币，或者最低投资金额不得低于100万，必须满足三者之一。单一资金信托投资门槛较低，有些产品只需5万元或10万元投资资金，不过这类产品并不常见。因为多数信托产品投资门槛较高，所以信托投资的受众面相对狭窄，只集中在中高收入阶层。如果收入达到了投资要求，投资信托没有太重的经济负担，可以选择这种理财方式打理财产。信托理财更有针对性，收益更高，安全性也更高。

银行或信托公司发行的集合信托计划，委托人通常在2到50人以内。资金集中起来后由专业人士代为打理，专业人士有专业的投资知识和丰富的投资经验，资金投资风险更低。有些信托公司还可根据委托人的特性和喜好，为委托人量身定做信托产品，投资盲目性更低，灵活度更高；如果投资中途出现资金周转困难的情况，或者有了其他的理财计划，还可撤回投资。

常见的集合信托理财产品分四类，证券投资集合资金信托、股权投资集合资金信托、贷款集合资金信托和权益投资集合资金信托。证券投资集合资金信托是按照委托人委托，将集合资金用于债券投资的信托产品；股权投资集合资金信托是按信托双方约定，将委托资金用于股权投资的信托产品；贷款集合资金信托是将信托资金用于贷款，获取收益后向受益人支付利息的信托产品；权益投资集合资金信托是通过投资房屋出租权、公共交通运营权、公路桥梁收费权等各项权益获取收益的信托产品。

这个收益高于银行存款和债券投资，甚至高于一部分股票投资。最重要的是，投资信托产品风险会低于投资股票和债券。投资过程中，我们不需耗费太多心力关注市场行情，只需在银行或信托公司工作人员的帮助下选好适合自己的信托产品，将资金或权益交付给他们就可以了。

第57招 尽量规避信托投资风险

投资信托产品风险虽低，但并不是没有风险。我们若想投资信托产品，了解信托基本知识、选择适合自己的信托产品之外，也应该强化风险意识，尽量规避投资风险。

信托投资中可能遇到的风险分两种，一种是投资项目发生非预期变化导致的风险，另一种是信托公司消极或违规操作造成的风险。现在信托行业还属于新兴行业，多数信托公司成立的时间并不长，都希望通过良好的业绩和口碑扩大知名度，所以因信托公司操作不当造成的风险出现可能性较小。投资如果遭遇风险，极有可能是所选项目不当造成的投资失利。协助投资者选择更有投资价值的信托产品，是信托公司的职责之一，所以我们要想规避投资风险，就应慎选信托公司。

选择信托公司时，应尽量选择信誉高、资金实力强、运营规范、历史业绩好的公司，这样的公司推出的信托产品较有保障，公司协助我们选择的产品获利可能性更高。有些信托公司发行的信托产品，既没有确定名称，又没有明确告知资金的使用方式，只是笼统地介绍资金的大概流向和使用范围，这样的产品不要投资，这样的公司也不要选择。现在，信托公司推出的信托产品多数是集合资金信托产品，产品推出时就已经确定了资金的具体使用方式。选择信托产品时，可以以资金使用方式为参考。资金使用方式中隐含着很多信息，比如资金投资的项目市场前景如何，该项目所在行业是否稳定等。我们可以通过这些隐含信息判断产品投资的成功率和收益。

信托理财出现的时间较短，国家的相关配套政策还不完善。仅就税收而言，投资有些信托产品需要缴税，投资有些信托产品却不需缴税。选择信托产品时，要留意与该产品有关的国家政策，关注一下是否要缴税等问题。如果投资金额较大，税费也是很大的一笔支出。此外，国家政策可能调整、改变，所以投资时最好选择投资期限较短的信托产品。投资期限越长，不确定因素越多，政策改变、市场生变的可能性越高。

除信托公司状况、信托产品情况外，投资信托产品时还应当考虑自己承受风险的能力。投向房地产、股市方向的信托产品收益较高，风险也较强；投向电力、能源等方向的信托产品风险较低，但收益也较低。我们如果投资理念较激进，承受风险的能力较强，可以尝试投向房地产、股市等方向的信托产品；如果投资理念较保守，承受风险的能力较弱，最好选择投向能源、电力等方向的信托产品。如果投资的目的是短期获利，我们可以尝试投资风险更高、收益更高的信托产品；如果希望通过信托投资筹备养老金或子女教育基金，最好还是选择风险低一些、稳妥一些的信托产品。

■第58招　投资黄金为财产保值

曾有杂志刊登过这样一个故事:"二战"期间,两个美国年轻人参加了战争,战后他们各拿到了35万美元的政府补助金,其中一名年轻人把补助金换成1万盎司的黄金后放进了保险柜,另一个年轻人直接把补助金放进了保险柜。之后,两个人一起出海钓鱼。不幸的是,他们遭遇海难,被困在太平洋的一个小岛中近40年。40年后,两人回到故乡,打开保险柜。这时,第一个年轻人用35万美元换来的1万盎司黄金价格已涨至800万美元,而另一个年轻人的35万美元仍然是35万美元。

黄金有"金属之王"之称,它稀少、珍贵、特殊,比其他金属价值高昂得多。从古至今,黄金一直被当作财富和地位的象征。黄金与其他金属最大的不同点是,黄金既可做商品用来买卖,又可做货币用来买卖商品。有些人将一种货币能换算重量为多少的黄金,作为这种货币是否贬值的判断标准。在国际金融市场中,黄金储备量甚至成为衡量一个国家经济实力的标准之一。

在通货膨胀的今天，越来越多的人选择投资黄金，使自己的财产保值增值。上述故事中提到的年轻人将 35 万美元换成 1 万盎司黄金，收藏 40 年后，金价涨至 800 万美元，就是投资黄金的一种方式。除此之外，我们还可以收藏黄金纪念币、购买黄金饰品、投资黄金衍生产品等。

相比股票等投资种类，黄金投资有很多优势。

投资黄金最重要的优势是可以抵抗通货膨胀。购买一份保险，几十年后保险到期，我们虽能如数拿到保险费，但由于通货膨胀、货币贬值等，几十年后的 10000 元或许价值仅相当于如今的 1000 元；收藏一件家具，家具或许会被腐蚀，失去光泽，价值也会随之降低；投资房产，房子也会老化或被腐蚀。黄金投资却不会出现这样的风险，黄金即使失去光泽，只要本质不变，那么价值就不会降低。所以，要想对抗通货膨胀，投资黄金可被列为首选。

我们无论投资什么项目，都要缴纳一定的税款。所有的投资项目中，黄金投资需要缴纳的税款是最低的。不仅如此，相比股票、房屋等财产，黄金办理产权转移手续要方便得多。我们可以利用黄金投资的两点优势，将财产换算成黄金传给后代，之后由后代把黄金换成货币、地产等其他财产。

投资股票，如果股票太冷门，我们或许找不到买家，股票只能在手中被套牢；投资期货、邮票等收藏品，也可能遭遇类似情形。投资黄金却不然。在黄金投资市场中，永远不必担心找不到买家。只要我们手中有黄金，随时可以出售。

投资黄金还有一点优势，就是如果我们手中资金不足，可以把黄金拿到银行、典当行做抵押，换取周转资金。银行多不会接受保险抵押、期货抵押，然而多数银行愿意接受黄金抵押。我们抵押房产拿到的抵押贷款，最高不会超过房产估价的 70%；抵押黄金，我们却能拿到黄金价格 90% 以上的短期贷款。

■第59招 要学会鉴别黄金真假

某商场曾发生这样一起案件：某日上午，一名40多岁的外地女子走到商场黄金专柜前，要求用旧首饰换新首饰。她从随身携带的提包里拿出几件旧首饰，店员把它们交给验金师傅检验。这家商场没有专门的检验仪器，师傅只能凭借经验检验金饰真伪。师傅的检验结果是，这些首饰全部都是真金。营业员于是放心地为首饰称重、估价，并指引中年女子选出了柜台中价格合适的黄金首饰。女子离开不久，又有一名男子前来"以旧换新"。鉴定结束后，这名男子也换走了价格合适的新首饰。当天下午，黄金专柜老板与附近柜台的老板聊起这件事时，都认为事有蹊跷，便找专业检验师对这几件旧的黄金首饰做了细致的检验，结果发现这些黄金首饰含金量不足70%，随即报警。民警先后将这对男女抓获，审讯得知这是一个"以旧换新"的犯罪团伙，专门用含金量不足70%的旧首饰换新首饰，他们所换的黄金首饰价值已逾15万元。

这种"以假换真"高达15万元的大案，生活中很少遇见，但是购买黄金时买到假黄金却屡见不鲜。现在人们的生活水平提高了，越来越多的人选择购买黄金首饰，投资黄金让财产保值增值。这给了居心不良的人机会，他们开始利用假黄金进行诈骗。我们购买黄金、投资黄金前如果不懂得鉴别黄金的真假，很容易上当受骗，让投机者得逞。那么，我们该怎样鉴别黄金的真假呢？

鉴别黄金真假，常见方法有七种：

一、看颜色。通常来说，黄金纯度越高，颜色越深。如果我们购买的黄金实物没有标明成色，可以通过颜色判断。黄金市场中有"七青、八黄、九紫、十赤"的说法，即黄金颜色若为青黄色，含金量约为70%；颜色若为正黄色，含金量约为80%；颜色若为紫黄色，含金量约为90%；颜色若为赤黄色，含金量接近100%。

二、看硬度。可以用指甲或针在黄金表面轻划一下，或者用手轻折一下，用牙齿轻咬一下。黄金成色越高，质地越柔软，弹性越低。成色高的黄金用指甲或针划过后，表面会留下轻微划痕；用牙齿咬过后，会有轻微印记；用手折过后，不会出现断裂纹路。成色低的黄金则相反。

三、听声音。如果黄金纯度够高，含金量在99%以上，往硬地上抛掷时会发出吧嗒声，声音沉闷，没有余韵，黄金不会反弹；纯度低的黄金抛在地上，则会发出清脆的当当声，有余音，黄金会反弹。

四、掂重量。纯金密度约为每立方厘米19.32克，成色越低，重量越轻。如果每立方厘米黄金重量接近19.3克，那么黄金成色应该在99%以上；重量在 18.5 克左右，成色在 95% 上下；重量在 17.8 克左右，成色约为 90%。如果不方便称取黄金重量，可以把黄金放在手中掂一掂。纯金重量比同体积白银重 40%，是同体积铜的 2.2 倍、同体积铝的 7.1 倍，掂在手中会有沉甸感。

五、用火烧。有句俗语，"真金不怕火炼"。如果条件允许，我们可以把黄金置于火中，烧到颜色已变红但不致融化变形的程度，观察冷却后的颜色。纯金冷却后，颜色仍呈原来的金黄色泽。如果黄金不纯，颜色会变暗或变黑；纯度越低，颜色变暗或变黑的程度越高。如果全部变黑，说明黄金是假金。

六、用试剂测试。黄金化学性质极稳定，在任何环境中都不会被氧化。我们可以把浓度为 45% 的硝酸点在黄金上，如果颜色无变化，说明黄金是真金。

七、看标记。这是最简便的鉴别方法。正规金店出售的国产黄金制品都按国际标准提纯配制而成，通常都打有戳记。比如：戳记为"24K"，表明黄金是"足金"；"18K"为 18K 金。如果黄金成色低于 10K，按规定是不能打戳记的。

第60招　合理预测黄金价格

同期货市场、股票市场等其他投资市场一样，黄金市场中也常出现价格上下波动。我们投资黄金必须时常关注黄金市场的行情变化和价格走势。积累一定经验后，我们要能够对黄金价格走势做出合理的预测。

预测黄金价格，首先要清楚影响黄金价格的因素都有哪些。黄金属性特殊，金价变化既与国际经济形势相关，又与国际政治形势相关，所以黄金价格走势相比股票、期货等其他投资品种的价格走势不可控性更高，更复杂难料。概括地说，影响黄金价格变化的因素主要有以下几种：

一、黄金供应量。金价波动，多数原因是黄金供求关系出现了变化。供求关系中，供应是一项重要内容。影响黄金供应量的因素也有很多，比如地球黄金储量、新金矿的开采情况等。地球黄金储量减少，金价自然会升高；如果新金矿的开采遭遇障碍，影响黄金市场原有的供应趋势，那么金价也会随之出现浮动。世界黄金产量最大的地区是南非，如果南非金矿工人罢工，导致金矿停止生产，那么金价也会被推高。

二、黄金需求量。黄金不仅有货币功能，还有商品功能。电子行业、珠宝行业、装饰行业甚至牙医诊所都对黄金有需求。在黄金供应量不变的前提下，如果黄金需求量改变，那么金价势必受到影响。比如，印度和东南亚的某些国家对黄金饰品一直有较高需求，如果这些国家增加或减少黄金的进口量，那么金价就会随之升降。

三、通货膨胀。有人把黄金称为"资金避难所"，因为通货膨胀时期，我们可以投资黄金对抗通货膨胀。将个人资产换成黄金以防资产缩水，这是通货膨胀时很多人会采用的抗通胀方法，所以通货膨胀时期黄金价格往往会呈上涨趋势。影响通货膨胀的因素也有很多，比如国际政治形势、国家货币的发行量等，所以政治形势和货币发行量等因素也会影响黄金价格。

四、美元走势。黄金市场中有这样一句话："美元涨则金价跌，美元降则金价扬。"有经验的投资人士投资时，如果投资黄金就不会投资美元，如果投资美元就不会投资黄金。美元价值虽然不像黄金那样稳定，但流动性强；黄金虽然不是法定货币，流动性较弱，但是始终有较高价值。投资市场中，如果美元价格走势较好，投资获利的可能性较大，人们自然会追逐美元；如果美元贬值，那么多数人会弃美元选黄金，这时黄金价格就会走强。

五、原油价格。原油价格的变化与金价变化始终密切相关，这是因为原油价格上涨会引起通货膨胀，而黄金正是通货膨胀时期最常见的保值品，所以原油价格上涨时，金价往往也会随之上涨。不过，因为黄金和石油是两种不同的商品，有各自的供求关系，原油价格下跌不会对通货膨胀产生较大影响，所以原油价格下跌时，黄金价格不一定下跌。

除以上这些因素外，影响黄金价格的因素还有股市行情、各国中央银行的黄金储备、银行利率、政府政策等。预测黄金价格时，不应该只考虑其中某项因素。黄金价格的变化是多项因素综合作用的结果，我们应该将各项因素综合起来，全面考虑。

第61招　掌握更多的黄金投资信息源

有句话说：一个投资者如果没有完善的投资信息来源，就好像一个人少了胳膊；拥有了完善的投资信息源，则好像一只老虎插上了翅膀。我们手中的投资信息源越全面、完善，越能够准确抓住市场脉络、掌握市场走势，投资越容易获利。要想在黄金投资中获利，我们也应该掌握更多的信息来源，使自己手中的黄金投资信息更全面。

收集黄金投资信息途径有很多，最常见的有以下几种：

一、咨询投资专家或从专业的投资机构获取信息。我们多数人都不是经济学专业的学者或者投资专家，很难判断当下的投资是否有前景，是否应该在这个时间拿出大笔资金投资黄金这种贵金属。投资前或难做决定时，可以到专业投资机构做一次咨询，或者听一听投资专家的意见，从他们那里获取信息，以使自己的投资更有方向，获利可能性更高。

二、从金融从业者或者投资经纪人那里获取信息。金融从业者、投资经纪人的专业、职业就是金融，他们拥有充足的信息源，能够为我们提供较多关于市场走势的信息，这些信息能给我们很大帮助，可以让我们的投资更顺利。不过，有一些投资经纪人没有足够的职业道德意识，阐述的观点或许过于轻率，提供的信息或许过于片面，有些甚至可能是假信息。我们在咨询的过程中不应该偏听偏信，应该学会分辨真伪。

三、从报纸、杂志中获取信息。报纸、杂志中常有财经专栏，里面包含的信息非常丰富，既有国际经济总体形势，又有个别公司的经营状况；既有股票、外汇等投资信息，又有黄金的价格走势信息。我们可以利用闲余时间翻一翻报纸、杂志，从中获取信息。需要注意的是，报纸、杂志中的信息内容庞杂，不是所有的信息都是我们需要、可利用的；文章写作者水平良莠不齐，有些信息是不具参考价值的，应该仔细分辨，谨慎选择。

四、通过分析报告了解信息。投资黄金可选择的方式有很多，可以投资黄金实物、纸黄金、黄金期货、黄金基金。无论选择哪种投资方式，都由专业的投资人或投资公司操作。投资人或投资公司会发布一些黄金市场的分析报告。这些报告通常具有很高的研究价值，我们应认真研究，从中获取信息。

五、从宏观经济形势中获取信息。黄金投资是经济活动，任何一种经济活动都难免受宏观经济形势影响。国家经济的繁荣和衰退会影响黄金价格走势，国际贸易的顺差与逆差也会导致金价波动。我们若想投资黄金，必须对宏观经济形势有大致的了解；在与金融界人士的闲聊中或在财经类的报纸、杂志中，多了解国际宏观经济走势；平时应当注意搜集这些信息，了解经济大趋势，从中判定黄金走势。

第62招　选择适合自己的黄金投资方式

以前的很多大户人家经常选择把财产换成黄金传给子孙后代，这样世世代代传下去，黄金能代替财产保值。投资黄金益处很多，所以越来越多的人进入黄金投资市场，投资黄金。

投资黄金的人变多，市场中可供选择的黄金投资方式也变得多起来。很多银行、投资公司都推出了形式不一的黄金投资业务，致使初入黄金市场的投资者变得迷惑不已，不清楚在这么多投资方式中该选择哪一种。

市场上的黄金产品最常见的有黄金实物、黄金期货、黄金期权、纸黄金等。我们投资黄金，不需要投资所有的产品，只要根据自己的实际情况，选择一款或几款实用的产品就够了。

我们对自己的经济情况、投资理念都有大致的了解，要想找到适合自己的黄金投资方式，还应该了解各种投资方式的大致情况，看其与自己的投资理念、经济状况是否匹配。

黄金实物，指金条、金块、金饰、金币等实体黄金。投资黄金实物方法很简单，只需要找到黄金交易机构，按照当天的金价买进，可以自己保管，也可以交银行代为保管；如果想短期获利，还可以等金价上涨后，携带实物到指定的收购中心卖出。购买黄金实物的交易机构有商业银行、黄金公司、百货商场等。

投资黄金实物虽然操作简单，但也有很多不足，比如变现慢、变现过程复杂、需要日常保管等。投资黄金期货、黄金期权、纸黄金则可以避免这些不足。

黄金期货是期货的一种，投资方式是：买卖双方签订合约，确定成交价，在一定时间后以合约约定的价格成交，完成交易。黄金期权的投资方法与黄金期货类似，买卖双方签订合约，约定在未来某一时间，彼此可以合约约定的价格买卖一定数量的黄金。黄金期货投资与黄金期权投资的不同在于，前者在合约中约定的是未来黄金的成交价，后者在合约中约定的则是买卖双方在未来某个时间，以特定价格购买黄金的权利。投资黄金期权和黄金期货，不需担心黄金的日常保管问题，但是这两种投资的期限较长、投资风险较大，如果投资黄金的时间较短，还没有积累足够的经验，最好不要轻率地选择这两种投资方式。

投资纸黄金是按照银行报价，在"纸"上买卖黄金的一种投资方式。这种投资方式的特点是，购买一定数量的黄金后，账户中会出现黄金购买记录，但我们本人看不到黄金实体，也不能提取黄金实物，整个投资过程全部在账户"纸"上进行。在这种投资方式中，我们投资的是虚拟黄金。因为不接触黄金实物，所以我们也无须担心保管问题。这种投资方式最大的优点是交易起点低，操作方便。

在此列举的黄金实物投资、黄金期货投资、黄金期权投资、纸黄金投资是黄金市场中较常见的几种投资方式，然而黄金投资方式不只这些，黄金基金、黄金衍生产品等也都是不错的投资选择。我们投资时最好咨询专业的投资机构，多方比较，找到最适合自己的方式。

■第63招 投资黄金实物要讲策略

很多人认为,投资黄金实物就是买进金条、金块、金币或黄金首饰,保存一段时间,等金价上涨后卖出。这种观念没有错,但是把黄金实物投资想得过于简单了。投资黄金实物并不是简单的低买高卖,买卖时要注意很多问题,买卖过程中也有很多策略。

买卖黄金实物时,首先要注意的就是交易机构。举个例子,有些投资者认为在银行购买黄金较有保障;有些银行不收手续费,可以节省资金。这种想法是偏颇的。有些银行对外称不收手续费,其实却把手续费加在了金价中,比如当时的金价是375元每克,银行却在系统中显示,当时的金价为390元每克,这就相当于变相收取了15元的手续费。选择交易机构时要尽量选择信誉较高的交易机构。在信誉高的交易机构购买黄金,才可能做到真正放心。除银行外,可以选择的交易机构还有黄金生产企业、黄金代理商、黄金投资机构、金行、珠宝行、首饰店等。

选择黄金实物的过程中,首先要考虑的当然是黄金的规格、成色问题。

规格、成色之外，也应当尽量了解黄金的发行渠道及发行机构的背景和经营状况。以金币为例，如果我们能买到中国人民银行发行的金币，当然没有必要选择其他发行机构发行的币种。发行、交易黄金实物的机构最好有回购业务，以后卖出时就不必四处寻找买家了。了解发行、交易机构的基本情况时，不要忘记询问手续费问题。在黄金实物交易中，手续费也是一笔不小的支出。

可投资的黄金实物有两种，一种是投资型实物，一种是工艺品式实物。投资型实物如只经过简单切割的金条、金块等，工艺品式实物如贺岁纪念金条、奥运年纪念金币等。投资型实物多以国际黄金现货价格为标准，因为所做的加工较少，所以附加的手续费、加工费较低。工艺品式的实物则不然，加工费较高，同重量价格是投资型实物的1.5到2倍，远高于国际黄金市场价格。比如，含金量为AU9999的黄金实物，投资型实物报价为300多元每克，工艺品式实物报价则为500多元乃至600元每克。而且，工艺品式实物经过大量加工，基本已经不是纯黄金了，我们投资这种实物实在不划算，投资时不如选择价格较低、含金量较高的投资型实物。

黄金实物投资中有一个始终存在的问题，就是"易买难卖"，因为黄金实物的大额投资者多为大金商或者国家央行，大金商购买黄金实物是做黄金饰品或工艺品的生产原料，国家央行则储备黄金实物则是为应对经济发展中的紧急状况。个人投资者投资的黄金实物量小，投资途径通常是银行或黄金公司，极少有个人投资者愿意从其他投资者手中购买黄金实物。投资黄金实物，最好不要抱着投资股票的心态，希望通过转手买卖获利。黄金实物投资最重要的功能是保值和应急，最好做长线投资的打算，买进后长期持有，不要急于脱手。

第64招 投资"纸黄金"便捷获利

有些人对黄金的投资方式不够了解，认为黄金投资就是投资金条、金砖、金饰等黄金实物，一直犹豫自己要不要投资黄金，部分原因是金条、金砖、金饰等黄金实物不便保存，存在家中不安全，存在银行又要缴纳为数不小的一笔保管费。针对投资黄金实物的这些顾虑，很多银行、黄金公司推出了一种新的黄金投资产品——"纸黄金"。

"纸黄金"投资是在纸面上买卖虚拟黄金的投资方式。银行和黄金公司会定期公布黄金报价，我们根据报价在账面上买卖黄金，获取差价。相比投资实物黄金，投资"纸黄金"的优点显而易见。

在所有的黄金投资方式中，"纸黄金"投资所需的成本是最低的，安全性相对较高。我们所有的交易都在纸面上进行，不接触实物，这样可以省下一大笔实物存储成本，而且不会发生因不懂辨别而错买成色不够的黄金、假黄金，或者因管理不善等导致黄金实物丢失，造成财产损失的问题。投资实物黄金或者股票、债券，交易时要收取交易金额的百分之几做手续费，投资"纸黄金"却不同，手续费是按照交易黄金的重量收取的，金额远低于股票、基金投资的手续费，而且不会随金价的上涨而上涨。

相比黄金实物投资、黄金期货投资等投资黄金的方式，"纸黄金"投资门槛要低得多。如果我们在银行开的账户是人民币账户，投资黄金实物或黄金期货不可能立即变现：实物要找到买家，转手卖出；期货要等到期后再卖出。投资"纸黄金"却有立即变现的可能，只要愿意，买入后一分钟就可以卖出。不过，黄金投资不是小孩子做游戏，买入和卖出时还是应该找准时机，尽可能选择最好的时间点。

投资"纸黄金"的优点非常多：发行机构多是资金较雄厚的商业银行或者信誉好的黄金公司，不必担心发行机构不规范的问题；"纸黄金"的价格以国际金价为标准制定，不是银行等发行机构自己制定，所以也不必担心价格被操纵；买卖行为在纸面上进行，操作更容易，没有额外负担。

第65招　学会识别非法炒金公司

有些投资者投资黄金理财产品时遇到过这样的情况：通过一个黄金交易平台炒金，下单后不久，平台却"死机"了，投资者无论怎样操作都一动不动，不能交易也不能撤回资金；拨打电话与对方联系，电话总是处在无人接听状态。遇到这样的情况，可能意味着投资者碰上了非法炒金公司。

黄金价格居高不下、黄金市场持续火爆，催生出很多地下的非法炒金公司。这些公司通过网络推广、电话推销等方式，宣传通过自己公司投资黄金产品可获得高收益。宣传收益的确高出正当的黄金交易所很多，但是几乎没有投资者从中获利。近年来，有关部门接到大量投诉，不计其数的投资者炒金被骗，有些人甚至倾家荡产。相关部门对此做过调查：2010年的受害者中，仅海外侨胞就有500多人，损失金额达100多亿元人民币。这些非法炒金公司有自己的隐秘转账渠道，可以把投资者缴纳的保证金和高额佣金秘密转到国外，使用的计算机交易系统和服务器也都在境外，所以主管部门很难对其进行监督、管制。

我们如果不慎选择了非法炒金公司，不但会损失大笔资金，还有可能要为此承担法律责任。所以，通过非法炒金公司炒金，对我们来说是得不偿失的行为。那么，怎样识别非法炒金公司呢？

非法炒金公司惯用的欺诈手法都是相似的：常在各大网络论坛、贴吧中张贴小广告，发布黄金市场行情预测，用"手续简便、投资门槛低、可获高收益"这样的宣传引诱经验不够丰富的投资者。如果有投资者上钩，它们会用假人名与投资者联系，并提供投资者虚拟网站和虚拟账户，让投资者进入预设的程序。

投资者若遵从非法炒金公司的指示操作，极有可能遇到以下两种情况：

一、炒金公司并没有把投资者的资金投入黄金市场，而是在自己的预设程序中与投资者"对赌"，致使投资者"输光"本金。这种炒金公司是纯粹的诈骗公司。

二、炒金公司的确把投资者资金投入到了国际黄金市场中，但是投资不以为客户赚钱为目的，它们诱导投资者频繁交易，从中收取高额手续费，投资或许可以赚钱，但95%以上的投资者都以赔钱告终。

投资黄金应选择正规的投资公司，通过正规途径交易，这是避免误入非法炒金公司圈套的最好方法。如果不清楚自己选择的公司是正规公司还是非法公司，可以查询这家公司的投资注册牌照和注册地。正规公司都有证券、期货或金融监管委员会颁发的经营牌照，这些牌照在委员会官网上可以查询到；还有，如果公司注册地在海外，一定要格外留意。

第66招　用更省钱的方式还房贷

买房的人虽然多，但是多数人买房并不能一次性付清全款，往往是先支付一部分首付，剩余的房款通过银行贷款支付。大部分人经济条件有限，买房时多数也要申请银行贷款，房屋到手后还房贷。银行的房贷品种有多种，不同品种的房贷偿还方式不同。选合适的购房贷款，可以节省一大笔资金。

贷款品种虽多，总结起来有三大类：个人住房公积金贷款、个人住房商业贷款和个人住房装修贷款。这三类贷款分别有不同的偿还利率，公积金贷款最低，商业贷款其次，装修贷款利率较高。我们申请贷款时，应该优先选择公积金贷款，若能在5年内还完房贷，最好不要拖到6年以上。

不是所有人、所有家庭都可以申请公积金贷款。要想申请公积金贷款，个人或家庭要满足一定的条件。不同的个人或家庭可申请的贷款金额不同，全国各地申请公积金贷款所需的条件不同，有关金额的规定也不同，申请前最好了解一下自己所在地的住房公积金管理相关规定，尽可能申请最大额度、最长期限的公积金贷款；可申请的公积金贷款若不够，再用商业贷款或装修贷款补齐。通常来说，只要在购房所在地建立了住房公积金账户，账户建立时间超过12个月，建立日至购房日一直按月正常缴存公积金，申请贷款时仍在缴存，就可以申请住房公积金贷款。

公积金贷款额度若不够，我们补齐时应优先考虑商业贷款。商业贷款种类很多，但还贷方法只用两种：等额本息法和等额本金法。

等额本息法的还贷方式是这样的：每月偿还相等的金额，这个金额是贷款本金和利息总额相加，除以偿还期限的月份数得出的数字。比如，贷款70万元，偿还期限是5年，即60个月；70万元本金加上5年期利息，共需偿还约88万元本息；88万元本息除以60个月，每月约需偿还14666元。

等额本金法的还贷方式不太一样：每月偿还等额的本金，本金在逐月减少，利息也在逐月减少，所以每月偿还的金额也是逐月减少的。假设我们仍贷款70万元，贷款5年期，那么60个月中，我们每月首先要偿还约11667元的本金；本金之外，要偿还的利息逐月递减，比如第1个月偿还70万元本金乘以利率得出的利息，第11个月要偿还583330元〔70万元－（11667×10）〕本金乘以利率得出的利息，依此类推。

两种还款方式各有利弊。等额本息法每月还款金额相等，我们清楚知道自己每月需还多少房贷，可以在房贷偿还前就安排好自己的月支出，但是5年中本金不变，利息也不变，所以偿还总体金额要比等额本金法高。等额本金法本金和利率在逐年递减，所以偿还金额相对较低，但是还款初期每月需还金额较高，压力较大，每月需还金额不同，不便于提前安排每月支出。该用哪种方式偿还房贷，我们可以根据自己的喜好选择：若不怕承担压力，希望降低整体贷款金额，提前还款，可以选择等额本金法；若不想承担太大的还款压力，可以选择等额本息法。